HEYNE <

DAS BUCH

Vergessen Sie das Märchen vom geborenen Pechvogel. Vergessen Sie alles, was Sie über Murphy's Gesetz gehört haben: Glück ist alles andere als reine Glückssache! Glück oder Pech – das ist letztlich immer eine Frage von Karma. Schlechtes Karma aber ist ebenso wenig Zufall wie gutes Karma. Höchste Zeit also für eine Gebrauchsanleitung, um das fundamentale Lebensgesetz für sich arbeiten zu lassen!

Karma – die Gebrauchsanleitung übersetzt die Karmaphilosophie in den Alltag: mit pfiffigen Erklärungen, einleuchtenden Beispielen, kurzweiligen Anekdoten und konkreten Ratschlägen. Denn Karma entfaltet überall seine Wirkung: in kleinen Dingen und in den großen Schicksalsfragen.

DIE AUTOREN

Aljoscha A. Long und Ronald R. Schweppe sind international bekannte Autoren, die ganzheitliche Lebenskunst auf ebenso leichte wie effektvolle Art und Weise zu vermitteln verstehen. Zahlreiche Bestseller stammen aus ihrer Feder. Immer wieder gelingt es ihnen, mit Witz und Esprit die Schätze spiritueller Weltkultur griffig, originell und zeitgemäß darzustellen. Aljoscha Long ist Diplompsychologe, Therapeut und Kampfkunstlehrer, Ronald Schweppe ist Orchestermusiker und Meditationslehrer.

Aljoscha Long
Ronald Schweppe

KARMA
die Gebrauchsanleitung

... damit das Schicksal macht,
was *Sie* wollen

WILHELM HEYNE VERLAG
MÜNCHEN

FSC
www.fsc.org
MIX
Papier aus verantwortungsvollen Quellen
FSC® C014496

Verlagsgruppe Random House FSC-DEU-0100
Das für dieses Buch verwendete
FSC®-zertifizierte Papier *Holmen Book Cream*
liefert Hollmen Paper, Hallstavik, Schweden.

2. Auflage
Taschenbucherstausgabe 05/2011

Printed in Germany 2012
Redaktion: Karin Weingart
Herstellung: Helga Schörnig
Umschlaggestaltung: Guter Punkt, München
Umschlagmotiv: © Guter Punkt / Sabine Zels
Satz: Leingärtner, Nabburg
Druck und Bindung: GGP Media GmbH, Pößneck
ISBN 978-3-453-70180-9

www.heyne.de

Inhalt

Glück ist nicht nur Glückssache (Einleitung)

Selten tritt dem Weisen das Schicksal in den Weg.

Seneca

Sie wundern sich, warum Ihnen das Taxi immer genau in dem Moment vor der Nase wegfährt, wenn es anfängt, wie aus Kübeln zu regnen? Sie ärgern sich, dass es immer nur die anderen sind, die die gut bezahlten Jobs kriegen und interessante Menschen kennenlernen? Sie sitzen mit Heuschnupfen, Taschentüchern und laufender Nase auf dem Sofa, während Ihre Freunde fröhlich auf der Blumenwiese picknicken? Sie verlieren langsam die Nerven, weil Ihr Partner Sie schon wieder sitzen gelassen hat, Ihre Pizza ständig angebrannt ist und Sie immer noch in einer schäbigen Eineinhalb-Zimmer-Wohnung leben? Oder finden es unerträglich, dass Sie mit Ihren Nachbarn nur noch über Anwälte kommunizieren?
Glauben Sie bloß nicht, dass das alles nur ein dummer Zufall wäre. Vergessen Sie das Märchen vom »geborenen Pechvogel«; vergessen Sie *Murphys Gesetz,* denn Glück ist alles andere als »Glückssache«! Ob Glück oder Pech – das ist nur eine Frage Ihres Karmas. Daher ist mieses Karma ebenso wenig Zufall wie ein Leben in Zufriedenheit, Gelassenheit, Heiterkeit und Fülle.

Wozu eine Gebrauchsanleitung?

Wer einen Staubsauger kauft, bekommt eine umfangreiche Betriebsanleitung mitgeliefert. Selbst bei einer idiotensicheren Kaffeemaschine wird uns genau erklärt, dass wir den Kaffee lieber nicht in den Wasserbehälter und das Wasser nicht in die

Elektrik kippen sollten. Ein wenig Anleitung kann im Leben also offensichtlich nicht schaden. Was aber für Kaffeemaschinen oder Staubsauger gilt, gilt erst recht, wenn es etwa darum geht, wie wir handeln, wen wir lieben, was wir uns wünschen, wie wir unsere Kinder erziehen oder wie wir mit unseren Kollegen umgehen.

◎ Wir handeln in der Regel so, wie wir es gewohnt sind, nicht aber so, wie es gut für uns wäre.

Karma entfaltet seine Wirkung überall – nicht nur in den großen Katastrophen oder Glücksfällen, sondern auch in den kleinen Dingen des Alltags. Gottfried Keller schrieb: *»Wer heute einen Gedanken sät, erntet morgen die Tat, übermorgen die Gewohnheit, darnach den Charakter und endlich sein Schicksal.«*

Die Karma-Gebrauchsanleitung hilft Ihnen, besser auf sich aufzupassen und weise zu entscheiden – ob im Denken, Sprechen, Wünschen oder Handeln.
Karma ist nichts anderes als gebundene Energie. Gelingt es Ihnen, Ihr Karma zu befreien, wird das ganze Universum mit Ihnen sein – und alles wendet sich zum Guten. Die Karma-Gebrauchsanleitung kann Ihnen helfen, weise zu entscheiden. Doch die Entscheidungen treffen nur Sie.

AUSPACKEN: IST ALLES DRIN?

Karma – das klingt recht geheimnisvoll. Aber was soll das eigentlich sein? Nur ein orientalisches Wort für Schicksal? Oder steckt noch mehr darin?

Lassen Sie uns also die Karma-Kiste doch einfach einmal auspacken und sehen, was so alles mitgeliefert wird …

Was gehört zu Karma?

◎ Karma ist das, was wirkt.

Einfach gesagt ist Karma die *Wirkung* von allem, was Sie tun. Was immer Sie tun, sagen oder denken hat bestimmte Auswirkungen. Zunächst einmal Wirkungen auf Sie selbst. Dann aber auch auf so ziemlich alles und jeden um Sie herum: auf alles was sein wird, auf Ihr Glück oder Unglück – sei es morgen, in einem Jahr oder vielleicht auch erst in einem nächsten Leben.

◎ Karma ist all das, *was wir tun* und vor allem auch das, *was daraus folgt.*

Sind wir unfreundlich zu unseren Mitarbeitern, werden wir miese Stimmungen ernten. Die schlechte Atmosphäre breitet sich immer mehr aus. Ob beim Arbeitsklima, den Umsätzen oder unserem Herz – negative Gefühle können nur Schaden anrichten. Kommen wir dann abends schlecht gelaunt nach Hause, lassen wir unseren Frust am Partner aus. Das wird nicht ohne Folgen auf unsere Beziehung bleiben, und auch unsere Kinder werden leiden. Und irgendwann wird sich das vermutlich darauf auswirken, wie unsere Kinder mit ihren Kindern umgehen werden.
All diese Dinge hängen mit dem Kreislauf der Karma-Strömungen zusammen. Wir schaffen unser Karma und sind eng mit den Folgen unseres Karmas verwoben – unser Karma kann daher nie von uns getrennt sein.

◎ Karma ist die wichtigste kosmische Spielregel.

Karma ist reine Energie. Gleichzeitig ist Karma die wichtigste der »kosmischen Spielregeln« – das Gesetz von Ursache und Wirkung.

Das Karma-Meer

Wir alle schwimmen im Meer des Universums, das ein Meer voller Energie ist. Alles Denken, jede Entscheidung und jede Tat erzeugt Strömungen und Wirbel im kosmischen Meer. Diese Strömungen nennen wir Karma.
Manche Strömungen führen uns nach oben. Sie machen das Schwimmen leichter und schenken uns Freude und Liebe. Diese Wirbel nennen wir »gutes Karma«. Andere Strömungen sind abwärts gerichtet; sie ziehen in die Tiefe, machen uns das Schwimmen schwer und wirken belastend und bedrückend. Diese Wirbel sind schlechtes Karma.

Nur einigen wenigen Erleuchteten gelingt es, mühelos an der Oberfläche zu bleiben, ohne selbst Wirbel zu erzeugen. Wir alle aber, die wir durch das Weltmeer des Lebens schwimmen, erzeugen dabei ständig Karma. Unsere guten Entscheidungen sind die, die Aufwärtsströmungen erzeugen – wir bewirken gutes Karma. Schlechte Entscheidungen bilden Wirbel, die uns nach unten ziehen. Doch was immer wir tun – alles erzeugt Karma-Ströme. Auch wenn wir längst nicht mehr dort sind, wo wir zuvor geschwommen sind, wirken die Wirbel weiter, die wir im weiten Meer des Universums erzeugt haben. Und da alles, was wir verursachen, sich auch auf andere auswirkt, können unsere Wirbel andere Menschen in die Tiefe ziehen oder hilfreich sein und ihnen Leichtigkeit verleihen …

Das Bild vom Karma-Meer lässt sich gut auf unser tägliches Leben übertragen. Hier bewirken unsere guten und schlechten Gedanken und Taten ständig neues Karma. Unser Karma ist die direkte Folge von dem, was wir denken, sagen und tun. Und wie auch immer wir handeln – alles hat Einfluss darauf, was in der Zukunft passieren wird. Wir erzeugen Wirbel und Strömungen im Wasser, die sowohl uns selbst als auch unsere Freunde, Partner, Familienangehörigen und die Gesellschaft beeinflussen, in der wir leben.

Kein Richter, kein Henker!

Natürlich käme das Meer nie auf die Idee, jemanden zu »bestrafen« – es ist schließlich einfach nur Wasser. Ebenso wenig ist Ihr Karma eine Instanz, die Buch führt, bestraft oder begnadigt, je nachdem ob Sie »böse« oder »artig« waren. Einen himmlischen Gerichtshof gibt es nicht. Das heißt, genau wissen wir das natürlich nicht: Aber es spielt erst einmal keine Rolle –

denn bereits lange vor dem »Jüngsten Gericht« werden wir mit den Folgen unserer Taten konfrontiert. Für unser Karma ist lediglich die Tatsache von Interesse, dass jeder unserer Gedanken, Gefühle und Taten unweigerlich auch Folgen haben wird.
Nur Sie sind verantwortlich für Ihr Karma. Wenn Sie schlechtes Karma haben, liegt es an Ihnen, es zu befreien – das kann Ihnen niemand abnehmen. Das bedeutet jedoch nicht, dass Sie oder jemand anderer *schuldig* sind. Schuldige zu finden ist leicht: die Eltern, die uns falsch erzogen haben, die Gesellschaft und die bösen Menschen, die uns daran gehindert haben, gut zu werden, die negativen Erfahrungen aus früheren Leben oder gar unser »schlechter Charakter« ... irgendetwas findet man immer. Doch die Suche nach dem Schuldigen führt nur in die Sackgasse.

◎ Die Kunst besteht nicht darin, anzuklagen, sondern zu verändern!

Was auch immer alles zu Ihrem Karma beigetragen haben mag – es liegt ausschließlich an Ihnen, »in Richtung Sonne zu schwimmen« und dabei schlechtes in gutes Karma zu verwandeln. Das, was Sie tun, macht einen Unterschied. Den einzigen Unterschied, den es wirklich gibt. Jeden Tag aufs Neue haben Sie die Chance.

Die ursprüngliche Karma-Lehre

Die Karma-Lehre ist eine der ältesten spirituellen Lehren der Menschheit und hat ihre Wurzeln in Indien. Lange bevor Buddha seine Lehre von der Erlösung vom Leiden verkündete, kannten die Brahmanen Indiens bereits das Karma-Prinzip.

Die Vorstellung von Karma und dem Kreislauf des Lebens ist weit über 2500 Jahre alt.
Auch wenn die Karma-Idee ursprünglich Teil des Hinduismus und später Buddhismus war, sind wichtige Aspekte auch in den meisten anderen Religionen zu finden.
Das Besondere an der ursprünglichen Karma-Lehre ist jedoch: Es gibt da niemanden, der Sie »bestraft« (leider übrigens auch keinen, der »belohnt«). Mit anderen Worten: Sie machen es selbst! Wenn Sie Ihre Suppe versalzen, müssen Sie wohl oder übel versalzene Suppe essen. Und wenn Sie mit Ihrem Denken, Fühlen und Tun negatives Karma schaffen, müssen Sie Ihre Suppe ebenfalls auslöffeln.
Egoismus, Gier, Grausamkeit oder Gewalt haben Folgen – und zwar nicht nur für die Opfer, sondern ebenso für die Täter. Umgekehrt haben auch Mitgefühl, Bescheidenheit oder Friedfertigkeit Folgen. Aber positive.

Die vier Karma-Regeln

Die vier grundlegenden Karma-Regeln sind ganz einfach: Hier die Kurzfassung:

1. Karma ist gebundene Energie
2. Befreien Sie diese Energie, so befreien Sie sich selbst
3. Der Schlüssel zu Freiheit und Glück liegt darin, beim Denken, Fühlen und Handeln die richtigen Entscheidungen zu treffen
4. Sobald Sie Ihr Karma befreit haben, arbeitet das ganze Universum für Sie

Und nun ein wenig ausführlicher.

1. Karma ist gebundene Energie

Alles ist Energie. Das ist nicht neu. Aber es ist relativ neu, dass das auch die Physik so sieht. Spätestens seit Einsteins berühmter Formel $E = mc^2$ ist klar: Materie ist stark komprimierte Energie.

Trotzdem werden wir mit Karma nie und nimmer eine Waschmaschine zum Laufen bringen: Die Energie, um die es geht, ist keine physikalische, sondern »geistige«, »seelische« und »spirituelle« Energie. Gedanken und Gefühle sind zum Beispiel Energie – und damit sind nicht etwa die geringen Ströme gemeint, die im Gehirn messbar sind, sondern die Kraft, die Gedanken und Gefühle ausüben. Ein junger Mann fühlt sich zu einem jungen Mädchen hingezogen: Was ihn da zieht, das ist die »Energie seiner Gefühle«.

Das Requiem Mozarts bewegt Menschen zu Tränen. Natürlich fließt dabei kein physikalischer Strom, sondern die Gefühle und die Tränen sind Folge der Energie, die in der Musik hörbar und in den Gesichtern der Zuhörer sichtbar wird.

◎ **Karma ist die Energie, die die Konsequenzen all Ihrer Handlungen, Gedanken und Gefühle umfasst.**

Ursprünglich strömt die Energie völlig frei. Sie ist an nichts gebunden, sie fließt ständig und es entstehen keine Spannungen. Die Dinge geschehen einfach: Tag und Nacht wechseln sich ab, die Wolken kommen und gehen, ohne dass sich Karma ansammelt.

Frei und bedürfnislos wie die Wolken zu sein ist jedoch eine Art Idealzustand. So leben nur Heilige. Wir, die wir vermutlich nicht ganz so heilig sind, sammeln durch unser Tun, Denken und Fühlen dagegen ständig Karma an. Die Energie wird konzentriert, bildet Wirbel und Strömungen. Und dabei macht es einen gewaltigen Unterschied, wie das Karma, das wir erzeugen, beschaffen ist. Denn aus dieser konzentrierten, gebundenen Energie speist sich das, was wir gewöhnlich »Schicksal« nennen.

◎ Die Art von Karma, das wir angesammelt haben, bestimmt, wie es uns in der Zukunft gehen wird.

Was Sie gestern dachten, fühlten und taten hat Auswirkungen auf das Heute. Was Sie heute denken, fühlen und tun, wird sich auf die Zukunft auswirken.
Sie haben Ihre Karma-Energie gebunden – das heißt, in Ihnen besteht eine »Spannung«, die sich irgendwann entlädt. Und diese »Entladung« der Energie ist eine Folge dessen, was Sie zuvor getan oder gedacht haben.

Beispielsweise mag es vorkommen, dass wir unseren Partner schlecht behandeln, ihn nicht ernst nehmen und uns herablassend verhalten. Auf diese Weise binden wir unser Karma an negative Stimmungen: Wir sammeln schlechtes Karma an. Es entsteht eine »Spannung« – und wenn diese Spannung, dieses schlechte Karma, irgendwann frei wird, kracht es. Oft sogar im wahrsten Sinne des Wortes, denn das Ganze kann zu Streit, Gewalt und bis zum Scheidungsanwalt führen. Und das besonders Üble dabei: All diese negativen Auswirkungen werden ihrerseits dazu beitragen, den Strom schlechten Karmas zu vermehren.
Behandeln wir unseren Partner dagegen liebevoll und fördern wir seine Entfaltung, so fließt unser Karma frei und es besteht eine befriedigende, erfüllende Liebe. Die Saat der Liebe erschafft ebenfalls Karma. Auch hier entsteht eine Spannung, doch wenn diese Spannung frei wird, sind die Auswirkungen positiv: Möglicherweise werden die Früchte der Liebe in einer schwierigen Situation sichtbar oder sie übertragen sich

auf die Atmosphäre unserer Beziehungen. Auf jeden Fall wird das befreite gute Karma Ihr Leben angenehmer und freudvoller machen.

◎ Wir neigen dazu, unsere Karma-Energie an Dinge, Personen, Gedanken und Gefühle – kurzum an unser Ego zu binden.

Es muss nicht negativ sein, seine Energien an diese Welt zu binden. Schließlich kann man so auch sehr viel gutes Karma schaffen und Positives bewirken.
Es ist im Grunde wie mit der Energie, die Sie beim Essen aufnehmen und mit der Verdauung als Körpersubstanz an sich binden. Sie können sich von Karamellbonbons, Limonade und Sahnetorte ernähren oder mit frischer, vitaminreicher Kost – beides liefert Ihnen Energie, aber Sie werden sehr schnell den Unterschied bemerken. Mit dem Karma ist es ganz ähnlich. Doch ob Limonade oder Vitamine – die Entscheidung liegt immer bei Ihnen!

2. Befreien Sie diese Energie, dann befreien Sie sich selbst

Karma ist an unser Ego gebunden. Dadurch hängen wir an Wünschen, Trieben, Gedanken und Gefühlen fest. Alle unsere Bedürfnisse binden uns. Das ist unvermeidlich. Wir wünschen uns etwas – und unser Herz hängt an diesem Wunsch. Der Wunsch erzeugt Karma. Es entsteht eine Spannung: Wird unser Wunsch erfüllt, spüren wir ein kurzes Glücksgefühl und danach eine Leere. Wird der Wunsch nicht erfüllt, spüren wir Enttäuschung und haben das Gefühl, dass uns etwas fehlt.

◎ Wer sich ganz von seinem Karma löst, wird »erlöst« und erlangt »Erleuchtung«.

Das höchste Ziel ist es, die Fesseln zu zerschneiden und die karmischen Meereswellen zur Ruhe zu bringen. Aber wie soll das funktionieren? Wie sollen wir uns von all unseren Bedürfnissen, Wünschen und Trieben lösen?
Da liegt in der Tat ein Problem. Und die Lösung lautet, dass es zum Glück gar nicht nötig ist, von heute auf morgen heilig zu werden. Ganz im Gegenteil: Fanatisches Streben nach Heiligkeit ist vielleicht einer der schnellsten Wege, schlechtes Karma anzusammeln. Nicht umsonst heißt es: *Der Weg zur Hölle ist mit guten Vorsätzen gepflastert* …

◎ Unser höchstes Ziel kann darin liegen, absolute Freiheit zu erreichen. Unser *erstes* Ziel sollte aber darin bestehen, uns von *schlechtem* Karma zu befreien!

Alle Wünsche und Bedürfnisse können in zwei grundverschiedenen Formen auftreten: Die einen bewirken gutes, die anderen schlechtes Karma. Wir können positiv oder negativ an den Dingen haften:

In Beziehungen gibt es beispielsweise ein positives und annehmendes »JA« (positives Anhaften: Sehnsucht, Liebe …) und ein negatives, abwehrendes »NEIN« (negatives Anhaften: Eifersucht, Hass …).
Wenn Sie sich nach Reichtum sehnen, gibt es ebenso ein positives, bejahendes Anhaften (Ehrgeiz, Motivation) oder ein negatives, verneinendes Anhaften (Geiz, Neid).

Zusammengefasst: Wenn das Karma völlig frei fließt, sind Sie wunschlos glücklich und erleuchtet. Das ist schön. Doch sollten Sie erst einmal damit beginnen, sich von *schlechtem Karma* zu befreien. So befreien Sie sich von Altlasten und können Ihr Leben unbeschwert genießen.

3. Der Schlüssel zu Freiheit und Glück liegt darin, beim Denken, Fühlen und Handeln die richtigen Entscheidungen zu treffen

Um sich von schlechtem Karma zu befreien, sollten Sie sich erstens ganz klar machen, dass *nur* Sie selbst es sind, der Ihr Karma schafft – gutes wie schlechtes. Und die dabei vielleicht beste Nachricht:

◎ Es ist kein bisschen schwieriger, gutes Karma zu schaffen, als schlechtes.

Sie müssen Ihr Leben nicht völlig umkrempeln oder sich gar einen Heiligenschein zulegen. Sie verbessern Ihr Karma durch viele kleine Schritte, einfach indem Sie täglich gute Entscheidungen treffen.

Der zweite Schritt besteht darin, zu erkennen, dass *jede* Ihrer Entscheidungen Ihr Leben über kurz oder lang verändert. Jede Entscheidung zählt. Und Sie entscheiden sich ständig. Sie können gar nicht anders. Selbst wenn Sie nichts tun, wenn Sie glauben, Entscheidungen zu vermeiden oder hinauszuschieben, entscheiden Sie sich – und zwar dafür, nichts zu tun. Auch das ist eine Entscheidung.
Da jede Entscheidung zählt, sind gerade auch die kleinen Entscheidungen oft maßgeblich. Schließlich gehen jeder »großen«

Entscheidung viele kleinere voraus. Die Dinge, die Ihr Leben wirklich verändern, sind oft ganz unscheinbar.

Der dritte Schritt: Werden Sie sich Ihrer Entscheidungen bewusst, indem Sie genau hinsehen, *warum* Sie tun, was Sie tun. Wie aber finden wir heraus, was gut für unser Karma ist und was nicht? Die Kunst besteht darin, sich der eigenen Entscheidungsprozesse bewusst zu werden.
Wir können dazu geistige »Entscheidungs-Wächter« aufstellen. Das heißt nichts anderes, als einfach etwas genauer hinzusehen. Was machen wir gerade, und warum? Warum stehen wir auf? Um eine Zeitung zu kaufen. Also gut. Und warum wollen wir die Zeitung kaufen? Geht es uns um Informationen oder eher um Sensationen? Werden wir mit dem Auto fahren oder zu Fuß gehen? Und warum haben wir uns dabei jeweils für die eine oder andere Möglichkeit entschieden?

◎ Sobald Sie beim Denken, Fühlen und Handeln achtsam sind, werden Sie mit der Zeit ganz von selbst die richtigen Entscheidungen treffen.

Sie befreien sich also von schlechtem Karma, indem Sie sich
1. klar werden, dass nur Sie selbst Ihr Karma schaffen
2. bewusst machen, dass jede kleine Entscheidung Ihr Leben beeinflusst und
3. genauer darauf achten, was Sie warum tun, denken und fühlen

4. Sobald Sie Ihr Karma befreit haben, arbeitet das ganze Universum für Sie

Indem Sie Ihre Karma-Fesseln lösen, befreien Sie sich selbst. Sobald Sie sich aus den Strömungen, die Sie nach unten ziehen, befreien, geraten Sie ganz von selbst in die Strömungen, die Sie nach oben tragen.

Die Wirkungen guten Karmas führen dazu, dass das ganze Universum für uns arbeitet. Da unsere wahren Bedürfnisse den kosmischen Spielregeln entsprechen, werden wir zunehmend wunschlos glücklich im Universum sein. Nun brauchen wir keine großartigen Wünsche mehr zu formulieren oder sie mit Willenskraft herbeizuzwingen. Es geschieht einfach so. Die Dinge laufen »wie am Schnürchen«, und das macht Ihr gutes Karma.

◎ Bestellungen beim Universum sind nicht nötig. Das Universum ist schlauer als wir und weiß besser, was wir für unser Glück brauchen.

Wenn wir beim Universum »Bestellungen aufgeben«, kann es leicht passieren, dass wir das Wesentliche dabei verpassen. Nur selten überblicken wir die Folgen unserer (mitunter recht egozentrischen) Wünsche. Zudem vergeben wir uns die unerwarteten Chancen, die sich uns eröffnet hätten, wenn wir wirklich vertraut hätten.

◎ Jemand, der sein Karma befreit, weiß: »Wenn du dich nicht mehr *sorgst*, wird der Fluss des Lebens für dich *sorgen*.«

Das Universum führt Sie auf Ihrem Lebensweg ganz von selbst und spielt Ihnen genau zur richtigen Zeit die richtigen Menschen, Orte, Chancen und Aufgaben zu.
Und das heißt dann, *wirklich* gutes Karma zu haben.

Fehlt was?

Am besten werfen Sie zunächst einen Blick auf Ihr Karma-Paket und sehen einmal nach, ob auch alles da ist. Spätere Beschwerden werden nicht mehr entgegengenommen. (Die Frage wäre ohnehin: von wem auch?)
Nur wenn Sie sicher sein können, dass nichts fehlt, können Sie Ihr Karma auch bewusst für ein erfülltes Leben nutzen.

Checkliste: Karma-Zubehör

- Die Geburt ist die erste und wichtigste Voraussetzung für Karma-Nutzer. Diesen Punkt können wir schon mal getrost abhaken.
- Um frei über Ihr Karma verfügen zu können, müssen Sie »handlungsfähig« sein. Nur wer handeln kann, kann Karma erschaffen. »Handeln« heißt dabei jedoch auch, »geistig zu handeln«, also beispielsweise zu denken, zu fühlen oder Entscheidungen zu treffen.
- Die Fähigkeit zur Wahrnehmung ist ein weiterer wichtiger Punkt. Nur wer ein Bewusstsein von sich selbst und seiner Umwelt hat und überhaupt etwas empfinden kann, kann bestimmte Karma-Regeln befolgen.
- Eine eigene Meinung ist viel wert – vor allem weil man dadurch jede Menge Karma erzeugen kann. Dabei müssen Sie gar nicht lautstark für Ihre Meinung eintreten oder gar für Ihre politischen

Ansichten auf die Straße gehen. Es genügt, wenn Sie über manche Menschen oder Dinge gut, über andere weniger gut denken. Oder vielleicht haben Sie bestimmte Lieblingsspeisen, Lieblingslieder oder Lieblingsorte … Auch diese Bereiche gehören zu Ihren Meinungen, Ansichten, Vorlieben – und beeinflussen Ihr Karma.

- Sind sowohl persönliche Schwächen als auch Stärken in Ihrem Karma-Paket enthalten? Gibt es Dinge, die Ihnen schwerfallen? Beispielsweise eine Fremdsprache zu lernen, zu singen, eine vernünftige Lasagne zu kochen, andere Menschen kennenzulernen oder einen Vergaser zu reparieren? Und finden Sie auf der anderen Seite auch Talente? Vielleicht können Sie ja problemlos mehrere Sprachen sprechen, ganz anständig singen, eine köstliche Lasagne kochen, mit Leichtigkeit Kontakte knüpfen oder den halben Motor zerlegen (und ihn natürlich möglichst auch wieder zusammenbauen).
- Ihr Karma-Paket wird sowohl sogenanntes »negatives« als auch »positives« Zubehör enthalten. Nur wenn Sie *sowohl* mit Traurigkeit, Enttäuschung, Ärger, Neid, Niedergeschlagenheit, Gier oder Sucht Bekanntschaft geschlossen haben, *als auch* ein paar Erfahrungen mit wünschenswerten Zuständen wie Freude, Begeisterung, Liebe, Freiheit oder Zufriedenheit gemacht haben, ist der Inhalt vollständig.

Die Wahrscheinlichkeit, dass Ihr Karma-Paket komplett ist, ist sehr groß. Und das ist gut so, denn nun können Sie sogleich mit der Installation beginnen. Doch zugleich ist Vorsicht geboten: Denn ob Sie ab jetzt gutes oder schlechtes Karma schaffen, liegt ganz und gar in Ihren Händen.

◎ Wenn Ihr Karma-Paket komplett ist (und das ist es ganz bestimmt), heißt das auch, dass es keine Ausrede mehr gibt.

Alles Karma?

»Das Wort Schicksal ist sinnlos. Alles hat eine Ursache.«

Voltaire

Unsere Vergangenheit, unsere Gegenwart oder Zukunft,
das motivierende Telefonat mit unserer Kollegin,
der verbrannte Frühstückstoast,
der freundliche Blick, den wir der Mutter mit Ihren zwei Kindern auf der Straße zugeworfen haben,
all die Bücher, die wir gelesen haben, das Buch, das wir derzeit lesen oder die Bücher, die wir später einmal lesen werden,
unser Heißhunger auf Schokoladeneis,
das lästige Sodbrennen, das uns seit Tagen quält,
die Wahl unseres nächsten Urlaubsortes ...

Alle großen und kleinen Angelegenheiten unseres Alltags haben sehr viel mehr mit unserem Karma zu tun, als wir glauben. Oft scheint es, als ob die Karma-Lehre vor allem graue Theorie wäre, doch tatsächlich gibt es nichts, was so bunt und lebendig ist wie unser Karma, denn Karma hat schließlich sehr viel mit unserem täglichen Leben zu tun. Ganz egal, ob wir schreiben, lesen, uns bewegen oder auf dem Sessel sitzen bleiben – in jedem Augenblick unseres Lebens schaffen wir neues Karma.

◎ Alles, was Sie tun – ob körperlich oder geistig –, hinterlässt seine Spuren, und zwar sowohl innerlich als auch äußerlich.

Die klassische Auffassung zu Karma besagt, dass alles, womit wir es heute zu tun haben, die Auswirkungen der Samen sind, die wir in früheren Existenzen gesät haben. Doch tatsächlich wirkt Karma noch sehr viel direkter: Das, was Sie in diesem

Moment tun, kann sich auf ein nächstes Leben, die nächsten Jahre, den morgigen Tag oder vielleicht (und sogar sehr wahrscheinlich) schon auf den weiteren Verlauf des heutigen Tages auswirken.

Beispielsweise haben Sie es Ihrem Karma zu verdanken (beziehungsweise ist Ihr Karma »schuld daran«), dass Sie sich dieses Buch besorgt haben. Immerhin haben Millionen Menschen das Buch *nicht* gekauft. Aus Sicht der Autoren und des Verlags ist dies zwar bedauerlich, doch zugleich war das natürlich auch klar: Es gibt schließlich Tausende Gründe dafür, warum Menschen dieses Buch nicht besitzen.

Der wichtigste Grund aber lautet: Es entspricht nicht ihrem Karma, sich im Moment mit diesem Thema oder diesem Buch zu beschäftigen.

Bei Ihnen sieht die Sache offensichtlich anders aus. Aus Gründen, die vielleicht ganz konkret oder aber eher »zufällig« sind, halten Sie dieses Buch in den Händen. Sie folgen dem Text gerade mit Ihren Augen und werden gleich einiges über verschiedene Arten von Karma erfahren …

Denken, Sprechen, Handeln

Das Wort »Karma« leitet sich von dem Sanskritbegriff *kri*, »tun«, ab. Alles, was wir tun, erzeugt Karma. »Tun« ist hierbei jedoch im weitesten Sinne zu sehen: Die drei Brücken, die wir nutzen, um aktiv zu werden und die uns mit unserer Umwelt verbinden, sind unser *Denken*, unsere *Worte* und unser (körperliches) *Handeln*. Karma erzeugen wir also nicht nur, während wir im Schweiße unseres Angesichts einen Baum fällen, sondern schon in dem Moment, in dem wir uns dazu entscheiden, die Axt aus dem Keller zu holen.

Kurzum: Es sind Ihre Gedanken, Worte und Taten, auf die es ankommt. Zunächst scheinen Gedanken dabei nicht annähernd dieselbe Tragweite wie Worte oder Taten zu haben. Tatsächlich ist die karmische Wirkung auch deutlich stärker, wenn Sie ein Krankenhaus bauen, als wenn Sie nur darüber nachdenken, dass es vielleicht ganz schön wäre, das irgendwann einmal zu tun. Und dennoch:

◎ Ihre Gedanken verdienen besondere Aufmerksamkeit, denn sie sind der Funke, der die Karma-Zündschnur in Brand setzt.

Die Gedanken bereiten den Weg. Wer denkt: »Das lass ich mir nicht gefallen – dem werd' ich's zeigen«, wird vielleicht irgendwann auch anderen von seinen Plänen erzählen. Sind die Gedanken erst einmal in die Ebene der Worte gedrungen, kann es leicht passieren, dass den Worten schließlich auch Taten folgen und es zu allerlei unvorhergesehenen Folgen kommt.

◎ Die einfachste Möglichkeit, seine Energie zu befreien, besteht darin, sie gar nicht erst an etwas zu ketten – nicht einmal an einen noch so kleinen boshaften Gedanken ...

Gleiches zieht Gleiches an

Kommt es Ihnen nicht auch manchmal ungerecht vor, dass manche Menschen immer Glück zu haben scheinen? Egal, wo sie sich befinden: Sie lernen immer die richtigen Leute kennen. Imaginäre rote Teppiche rollen sich vor ihren Füßen aus – sie sind überall willkommen. Was immer sie sich wünschen, das erreichen sie auch. Und während andere in ihren eigenen vier Wänden unter einer Decke festsitzen, die ihnen regelmäßig auf den Kopf fällt, lernen diese Glückspilze die ganze Welt kennen. Die Karma-Theorie kann nicht alles erklären, aber ein paar Dinge schon. Beispielsweise warum das, was ungerecht erscheint, oft nur eine unvorhergesehene Folge vorangegangener Handlungen ist. Der Punkt ist nämlich, dass es eben sowohl gutes als auch schlechtes Karma gibt.

Mallikās Reisschale

Zu Zeiten des Buddha lebt in Indien die hübsche Mallikā. Auf dem Weg zum Blumengarten trifft sie den Buddha. Die ungeheure Ruhe des Erleuchteten zieht sie magisch an – und so tritt sie auf ihn zu und schüttet ohne auch nur mit der langen Wimper zu zucken ihre ganze Tagesportion Reis in dessen Almosenschale. Da Mallikā als Tochter eines Girlandenbinders einer niedrigen Kaste angehört, ist dieses Opfer weit größer, als man sich das heute beim Gang durch den Supermarkt vorzustellen vermag. Buddha lächelt. Zu seinem Begleiter Ananda spricht er: »Die Früchte dieser guten Tat, Ananda, wird dieses Mädchen bald erfahren …«
Und tatsächlich: Wie es der »Zufall« will, sitzt Mallikā kurz darauf zwar ohne Reis, dafür aber singend auf der Blumenwiese, als König Pasenadi durch den Garten spaziert. Der junge König verliebt sich in sie und macht sie noch am selben Tag zu seiner Frau.
Kurz darauf sucht Mallikā den Buddha noch einmal auf. Eine Frage brennt ihr seit Langem auf der Seele: Warum, so will sie von ihm wissen, sind all die vielen Frauen, die sie in ihrer Stadt kennt, nur so unterschiedlich? Sie sieht keine Gerechtigkeit darin, wenn einige schön, klug, reich und gesund sind, während andere entweder hässlich oder arm oder dumm oder krank sind. Und schließlich gibt es ja auch

noch die Bedauernswerten, die sowohl hässlich als auch arm, dumm und krank sind.
Darauf spricht der Buddha: »Dies ist weder eine Sache des Zufalls noch des Schicksals, Mallikā: Wer seinen Ärger loslässt und Mitgefühl pflegt, wird schön. Wer Fragen stellt und sein Herz der Weisheit öffnet, verliert die Unwissenheit. Wer anderen gegenüber stets großzügig ist, wird reich. Denn je mehr er gibt, desto mehr erhält er.«

Gute Zeiten, schlechte Zeiten

In unserem Kulturkreis neigen wir dazu, das Schlechte den Umständen und das Gute uns selbst zuzuschreiben.
Wenn man innerhalb einer Woche Job, Partner, Geldbeutel und Führerschein verliert: unvermeidlich, der Wille des Schicksals. (Passiert es jemand anderem, ist der natürlich selber schuld!)
Jemand, der in seinem Swimmingpool am Cocktailglas nippt, seinen Lottogewinn feiert, viele Freunde und einen wunderbaren Partner, ein harmonisches Familienleben und haufenweise Begabungen und Talente besitzt, wird sich selbstzufrieden auf die Schulter klopfen. Das alles hat »er selbst« geschafft! (Bei jemand anderem wäre es freilich pures Glück!)
Und doch: In beiden Fällen ist Karma wirksam. Wie es sich auswirkt, hängt davon ab, wie es beschaffen ist. Und das kann man nicht so einfach sehen. Das zeigt sich erst in größeren Zeiträumen. Der Augenblick sagt so viel über das Karma aus wie das Foto eines geworfenen Steines: Niemand kann an dem Foto erkennen, ob der Stein nach oben oder unten fliegt – die Bewegung wird erst durch die Zeit offenbar.

◎ Karma enthält beides: schlechte und gute Früchte. Doch bei den meisten Menschen sind die Körbe bunt gemischt.

Ausgesprochene Glückskinder, denen einfach alles in den Schoß fällt, gibt es nicht. Ebenso wenig Unglücksraben, bei denen aber auch wirklich alles daneben geht. Zwar sehen wir uns trotzdem oft als Pechvögel, doch nur, weil wir dazu neigen, uns selbst zu bemitleiden. Jedes Unglück kann der Beginn eines großen Glückes sein.

Der Inhalt unseres Korbes ist davon abhängig, wie viel gutes beziehungsweise schlechtes Karma wir in dieser oder in vorigen Existenzen angehäuft haben. Und da wir alle nur Menschen sind, kennt wohl jeder von uns sowohl gute als auch schlechte Zeiten. Schwierige Phasen, in denen sich schlechtes Karma auswirkt, gehören also ebenso zum Leben wie Hochphasen, die durch gutes Karma ausgelöst werden. Doch vergessen wir nie, dass sowohl gute als auch schlechte Zeiten Wachstumsmöglichkeiten bieten – die Frage ist immer nur, wie wir damit umgehen.

Schwaches Karma, starkes Karma

Die Wirkung ist von der Ursache abhängig. Meist werden »schwerwiegende Taten« entsprechend starkes Karma erzeugen: Ob Sie ab und zu mal fluchen oder gleich eine Bombe legen, ob Sie einem Bettler etwas in den Hut werfen oder mit Ihren eigenen Händen ein Flüchtlingsheim aufbauen – der Unterschied in den Wirkungen wird dabei jeweils sehr groß sein.
Doch selbst kleinste Ursachen können große Wirkungen haben: Dass der Flügelschlag eines Schmetterlings etwa einen Wirbelsturm auslösen kann, wissen wir aus der Chaostheorie. Dennoch gibt es keinen Grund, beim Anblick eines Zitro-

nenfalters nervös zu werden. Vieles von dem, was wir tun, belastet unser Karma nicht. Beispielsweise hat es keinen großen Einfluss, welches Dressing Sie über Ihren Salat kippen. Und ob Sie sich Ihr Sofa als Zwei- oder Dreisitzer kaufen, ist auch egal. (Wohlgemerkt – auch dieses Tun hat natürlich Folgen: Das falsche Dressing kann schlechte Laune erzeugen, das Dreisitzer-Sofa kann eher zum Faulenzen verleiten, was wiederum Folgen hat. Doch übertreiben wir nicht: Nicht jede Kleinigkeit ist unter karmischen Gesichtspunkten von Bedeutung.)

Je unachtsamer wir handeln, desto eher können scheinbare Kleinigkeiten jedoch einen großen Unterschied machen. Das gilt vor allem, wenn die kleinen Dinge des Alltags unser Verhalten prägen. So wird es sich beispielsweise mit der Zeit sehr unterschiedlich auswirken, ob Sie allabendlich zum Zigarettenautomaten oder stattdessen lieber eine halbe Stunde zum Joggen gehen.

◎ Kleinigkeiten bekommen vor allem dann Gewicht, wenn sie durch häufige Wiederholung unsere Gewohnheiten prägen.

Alles nur meine Schuld?

Manchmal stellen sich schwierige Fragen. Wenn nur ich für mein Karma verantwortlich bin – ist es dann meine Schuld, wenn mein Kind bei einem Unfall stirbt oder wenn ich Krebs bekomme?
Zunächst einmal: Streichen Sie den Begriff »Schuld«. Natürlich sind Sie verantwortlich dafür, ob Sie gutes oder schlechtes

Karma sammeln. Wenn Sie schwer alkoholisiert und mit überhöhter Geschwindigkeit einen Unfall verursachen, wird die Schuldfrage vor Gericht schnell geklärt sein. Karmisch gesehen ist das jedoch keine Frage der Schuld, sondern eine Verkettung von negativen Ursachen und negativen Wirkungen. Wenn wir schlechtes Karma bewirken, werden wir nicht für eine Schuld bestraft. Wir erfahren die negativen Konsequenzen unseres schlechten Karmas. Das Erzeugen schlechten Karmas trägt seine »Strafe« bereits in sich selbst.
Wenn Sie dazu neigen, bei sich die Schuld zu suchen, machen Sie sich klar: Sie sind nicht für sämtliche traurigen oder schlimmen Dinge verantwortlich, die auf der Welt passieren. Ebenso wenig wie für all die guten und erfreulichen Dinge.

◎ **Unser bisheriges Karma hat uns in bestimmte Situationen gebracht, aber wie schlimm sie auch sein mögen, immer und immer wieder haben wir die Wahl.**

Indem Sie bewusst gutes Karma sammeln, werden Sie dazu beitragen, Ihr Leben (und damit sogar ein klein wenig die ganze Welt) zu verbessern. Doch hüten Sie sich, die Ursachen für alles, was schiefgeht, in sich selbst zu suchen:
Erstens ist das Universum in Bewegung. In der Natur herrscht ständige Wandlung – es regnet, dann scheint wieder die Sonne, mal bebt die Erde oder eine Springflut überflutet die Küsten. Dass all diese Dinge geschehen, hat nichts mit »schlechtem Karma« zu tun, denn nicht alles, was passiert, ist auf uns bezogen. Die Welt dreht sich nicht nur um uns. Zwar werden wir oft von äußeren Ereignissen betroffen – doch egal ob es einfach nur regnet oder ein Orkan aufzieht: die entscheidende Frage ist, wie wir uns in der »karmischen Meeresströmung« verhalten, in die wir hineingeraten sind. Es ist nicht anders als auf dem richtigen Meer. Bei gutem Wetter kommt jeder vo-

ran – doch im Sturm zeigt sich der Unterschied zwischen einem guten und einem schlechten Seemann.
Zweitens gibt es nicht nur Ihre Handlungen, sondern auch die der anderen. Es gibt nicht nur Ihr Karma, sondern jeder muss sich seinem eigenen Karma selbst stellen. Wird unser Partner oder unser Kind krank, so kann es leicht sein, dass wir eine Schuld bei uns suchen. Doch jeder Mensch bringt sein eigenes Karma mit. Und indem wir uns (oder anderen) Vorwürfe machen, bewirken wir erst recht schlechtes Karma.
Gut zu entscheiden bedeutet, gutes Karma zu schaffen. Wer sich entscheidet, nach den »Schuldigen« zu suchen, wer sich für Hadern statt für Handeln, für Verurteilen statt für Entwicklung entscheidet, muss mit entsprechenden Folgen rechnen.

◎ Wir sollten nicht alles, was in der Welt geschieht, auf uns beziehen. Hochmut schafft schlechtes Karma. Übernehmen Sie die Verantwortung für Ihre eigenen Handlungen und entscheiden Sie so weise, wie es Ihnen möglich ist.

Was nicht ins Paket gehört

Ihr Karma-Paket ist kein Mülleimer. Einige Dinge gehören nicht hinein und belasten nur unnötig. Wie wir gesehen haben, hat beispielsweise vieles von dem, was wir »schlechtes Karma« nennen, mit Naturphänomenen zu tun. Oder auch mit der Bürde anderer Menschen – einer Bürde übrigens, die wir dem anderen leider weder immer abnehmen können noch dürfen.
Wer seinen Vogel in einen goldenen Käfig sperrt, um ihn vor den Gefahren des Fliegens zu bewahren, richtet mehr Schaden

als Nutzen an. Wer seine Kinder ständig an der kurzen Leine hält, weil er Angst hat, dass sie fallen könnten, bringt sie um wertvolle Erfahrungen (auch wenn die zuweilen schmerzhaft sind).

So wie es aussieht, können wir nicht alles kontrollieren. Ja, wir sollten nicht einmal alles kontrollieren wollen. Wo wir keine Einflussmöglichkeiten auf das Geschehen haben, ist es ohnehin am besten, wenn wir den Dingen ihren Lauf lassen, statt uns schuldig zu fühlen.

Glaubt man dem Buddha, so ist das Leben unausweichlich mit Leiden verbunden, da wir letztlich immer das verlieren, an dem wir haften – zuletzt dann ja unser Leben. Glaubt man den Yogis im Himalaja, so leben wir derzeit (und auch noch eine beträchtliche Weile) im Kaliyuga, dem dunklen Zeitalter des Verfalls, in dem der Dämon Kali sein Unwesen treibt. Und glaubt man der Bibel, dann waren es ohnehin Adam und Eva, die uns die Suppe eingebrockt haben, da sie ihre Finger nicht vom verbotenen Apfel lassen konnten (was – da sollte man allerdings nachsichtig sein – wiederum ihr Karma war). Und nun wartet die Apokalypse auf uns.

So oder so: Das Universum interessiert sich erst einmal nicht sonderlich für »Schuldige«, »Büßer«, »Richter« oder »Henker«. Wer die »Schuld« betont, betont die Vergangenheit – doch das Leben drängt immerzu nach vorne, in die Zukunft.

◎ Schauen Sie nicht zu lang zurück. Handeln Sie *jetzt,* tun Sie *jetzt,* was in Ihrer Macht liegt, und überlassen Sie den Rest getrost dem Universum.

Wenn Katastrophen oder Krisen über uns hereinbrechen, sollten wir noch etwas bedenken: Die Vorstellung, dass wir wissen, was ein Ereignis bedeutet, ist Illusion. Wir wissen es nie. Alles kann stets ganz anders kommen, als wir denken. Selbst die schlimmste Situation kann uns eine wichtige Chance bieten, und der größte Schmerz letztlich am schnellsten zur Erlösung führen. Sehen Sie schlechtes Karma daher auch immer als Chance, als ein Sprungbrett, das Sie in eine höhere Ebene mit neuen, reicheren Möglichkeiten katapultieren kann.

Der Mensch, der aus dem Fluss steigt, ist ein anderer als derjenige, der kurz davor hineingestiegen ist. Verschwenden Sie Ihre Zeit nicht mit der Vergangenheit. Ihr Karma fordert Sie dazu auf, hier und heute zu handeln.

VOR DEM GEBRAUCH

Es macht die Geburt uns weder edel noch gut, noch kann sie zur Schande gereichen. Aber Tugend und Laster, sie unterscheiden die Menschen.

Johann Wolfgang von Goethe

Unser Denken und Handeln wirkt sich nicht immer unmittelbar, sondern oft erst über sehr große Zeiträume aus. Als Karma-Nutzer stehen wir an einem Punkt in unserem Leben, an dem wir auf ein schon sehr lange angelegtes Karma-Konto zurückblicken können. Chuang-zi schrieb: »*Dem Gutestun folgt der Ruhm nicht auf dem Fuße nach; dem Übeltun folgt das Unheil nicht auf dem Fuße nach.*« Das ist der Grund dafür, warum die Wirkungen von Gedanken und Taten aus früheren Existenzen oft erst jetzt sichtbar werden. Die Geburt ist dabei nur der erste, wohlgemerkt aber nicht der letzte Lebensabschnitt, der durch unser Karma beeinflusst wird.

Wenn Sie sich einen neuen Computer kaufen, bekommen Sie normalerweise eine vorinstallierte Software mitgeliefert. Die Daten auf der Festplatte bestimmen die Möglichkeiten, mit dem Computer zu arbeiten. Doch was Sie dann mit diesen Daten anfangen, ob Sie sie löschen oder erweitern, indem Sie neue Programme installieren, liegt einzig in Ihrer Hand. Ähnlich bestimmen die Umstände Ihrer Geburt und Ihre Kindheit zwar Ihre Ausgangsbasis – doch wohin die Reise geht, entscheiden Sie, da nur Sie der »User« Ihres Lebens sind.

Hochfahren (Die Geburt)

Wann, wo und unter welchen Bedingungen wir geboren werden – all das sagt natürlich etwas über unser Karma aus. Wichtiger ist aber zunächst, zu erkennen, dass die Geburt an sich sehr wertvoll ist. Wer nicht geboren wird, kommt nicht weit. Die Geburt ist der erste Schritt auf unserer Lebensreise. Und da jede Reise mit dem ersten Schritt beginnt, hat dieser Schritt enorme Konsequenzen. Ob die Geburt »gut« oder »schlecht«, »gelungen« oder »misslungen« ist, ist dabei erst einmal völlig unwichtig, da das Leben sich in alle möglichen Richtungen weiterentwickeln kann.
Voreilige Schlussfolgerungen sind mit Vorsicht zu genießen: An der Geburt allein lässt sich kaum erkennen, ob gutes oder schlechtes Karma vorherrscht. Überhaupt sind Einzelereignisse nie dazu geeignet, Aussagen über das Karma zu machen.

◎ Eine reibungslose Geburt ist nicht ohne Weiteres besser als eine »schwere Geburt«. Viel wichtiger ist, was wir aus unseren Möglichkeiten machen.

Manch einer, der als Bettler geboren wurde, ist später zum Millionär geworden. Umgekehrte Fälle gibt es ebenfalls zuhauf. Nur weil ein kleines Mädchen kerngesund und als Prinzessin im goldbestickten Himmelbett zur Welt kommt, ist es deshalb noch lange nicht vor schlechtem Karma gefeit. Je höher man fliegt, desto tiefer kann man fallen. Wer unter schwierigen Umständen geboren wird, hat bestimmte Lebensaufgaben zu bewältigen und Hindernisse zu überwinden; wer unter günstigsten Umständen in die Welt kommt, hat andere Lebensaufgaben und muss sich vor vielen Versuchungen hüten.

◎ Was immer uns in die Wiege gelegt wird, ob erfreulich oder unerfreulich, betrifft stets nur unsere Ausgangsstellung und nicht den Weg, den wir wählen.

Viele Wege führen auf den Gipfel

Ihre Geburt legt Ihre Startposition fest. Doch das Leben ist kein Formel-1-Rennen. Weder geht es darum, von der Poleposition aus zu starten, noch darum, als Erster durchs Ziel zu rasen. Eher lässt sich unser Lebensweg mit einer Bergwanderung vergleichen: Der eine beginnt die Wanderung im Tal und kommt allmählich zum Gipfel. Ein anderer macht es sich erst einmal einfacher und fährt mit der Gondel bis zur Mittel- oder Bergstation hinauf – und erklimmt von dort aus die Spitze.

Unsere Eltern, unser Geburtsort, unsere Neigungen, Begabungen, aber auch die gesellschaftlichen Umstände, in die wir hineingeboren werden, legen fest, ob wir von der Tal- oder Bergstation aus starten. Doch wer den Gipfel erreichen will, schafft das auch. Und dabei ist nicht immer ist die bequemste Ausgangsposition auch die beste. Denn wer hat wohl mehr Eindrücke, Bilder, Erfahrungen auf seinem Weg sammeln können? Wer ist besser vorbereitet, um den nächsten Gipfel zu besteigen? Oft hat der steinige, lange Weg viel mehr zu bieten als die Abkürzung. Die Gondel ist bequem, aber nicht immer die beste Wahl.

Wissen Sie, was Ingmar Bergman, Charles Dickens, Elvis Presley, Papst Johannes Paul I., Ray Charles und Jackie Chan gemeinsam haben? Sie alle kamen in einfachen, ärmlichen Verhältnissen auf die Welt. Wie unzählige andere Berühmtheiten hatten sie eine sehr schlechte Ausgangsposition. Doch das hielt sie nicht davon ab, ihren Weg zu gehen und großartige Menschen zu werden. Nach der Karma-Philosophie sind sie zudem auch alles andere als »zufällig« von ganz unten aus losgelaufen …

Wir »wählen« unsere Eltern aus

Die Umstände unserer Geburt und die »Wahl« unsere Eltern sind kein Zufall. Sie ergeben sich aus der Notwendigkeit unseres Karmas. Vielleicht gilt es ja beispielsweise noch, schlechtes Karma aus früheren Existenzen abzubauen. Vielleicht ist eine Ausgangslage, die auf den ersten Blick sehr ungünstig aussieht, in Wirklichkeit genau das, was wir für unsere Entwicklung brauchen. Und vielleicht sind wir auch nicht Opfer der Gene unserer Eltern, die unser Leben bestimmen, sondern umgekehrt: Wir suchen uns Eltern aus, die die genetischen Voraussetzungen mitbringen, die es uns ermöglichen, unser Karma aufzulösen.
Während wir biologisch gesehen zweifellos die »Folge« unserer Eltern sind, sind wir im karmischen Sinne eher ihre »Verursacher«:

◎ Ich habe diese Schwierigkeiten nicht, weil ich diese Eltern habe, sondern ich habe diese Eltern, weil sie es mir ermöglichen, an bestimmten Schwierigkeiten zu arbeiten.

Ganz nebenbei und doch nicht unwichtig: Die Geburt ist auch die Folge des elterlichen Karmas. Das Kind stellt sie vor eine neue Lebensaufgabe. In gewisser Weise suchen Kinder und Eltern sich also immer gegenseitig aus.

Mit jeder Inkarnation wird Lebensenergie gebunden. Gebundene Energie erzeugt Karma. Dies kann sich nicht nur positiv, sondern eben auch negativ bemerkbar machen. Dennoch ist es ein Irrtum, zu glauben, dass schlechtes Karma eine »Strafe« wäre. Tatsächlich bietet »schlechtes« Karma die nötige Motivation und somit viele spannende Möglichkeiten, um zu wachsen und negative Programme ein für alle Mal zu löschen. Unsere Ausgangslage ist dabei kein Zufall, sondern genau das Sprungbrett, das wir brauchen …

Das Märchen von der passenden Wiege

Im goldenen Himmelshaus, im Reich der Engel, da lebte einst ein kleiner Junge. Jeden Tag spielte er auf der Himmelswiese – der Sichelmond war seine Schaukel, der Regenbogen seine Rutsche und die Wolken sein Trampolin.
Ebenso wie die vielen anderen Kinder, die im Himmel wohnten, spielte der Junge gerne mit den Tieren des Gartens – besonders mit Babuu, dem dicken, kuscheligen Himmelsbären. Oft spazierten die beiden zum Ende des Gartens. In der hohen Mauer, die den Garten umschloss, war ein Fensterlein und der Junge kletterte auf den Rücken des Bären, um auf die Erde schauen zu können. Bunte Länder, schöne Seen, mächtige Berge und interessante Städte, Dörfer und

Straßencafés sah der Kleine da unten. Eines Tages sagte er zu Babuu: »Ach wie gerne möchte ich auch wieder einmal auf die Erde reisen.« Der Bär blinzelte dem Jungen aufmunternd zu und sprach: »Mein Lieber, da müssen wir wohl erst mal fragen, ob die Zeit schon reif ist.«
Auf weichem Wolkenteppich spazierten die beiden zum Tor des Himmelswächters und erzählten ihm von dem Wunsch des Jungen. »Leider ist es noch nicht so weit, denn die passende Wiege ist noch nicht gefunden, Kleiner. Möchtest du trotzdem, dass wir dich auf die Erde bringen?« – »Ach nein, lieber nicht«, antwortete der Junge, denn er wusste ja, wie schwer es war, eine Wiege zu finden, die weder zu groß noch zu klein, weder zu hart noch zu weich war.

Hundert Jahre später klopfte der Junge wieder einmal beim Himmelswächter an, doch leider war das passende Elternpaar noch immer nicht auf der Erde erschienen.
Doch dann, als der Junge weitere hundert Jahre danach wieder einmal sehnsüchtig durch das Fenster in der Mauer blickte, kam der Himmelswächter mit einem Engel an seiner Seite auf ihn zu. »Ich habe eine gute Nachricht für dich«, sprach er. »Wenn du willst, ist deine Zeit jetzt gekommen und der hier wird dich auf deinen Wegen begleiten.« Und damit deutete er auf den Schutzengel.
Der Engel nahm den Buben bei der Hand und stieg mit ihm in den Sternenwagen. Auf ihrer langen Reise schlief der Junge schon bald erschöpft ein. Als sie am Großen Wasser ankamen, nahm der Engel den Kleinen sanft in den Arm und legte ihn in die Blüten einer wunderschönen Seerose. Die Blüte schloss ihre Blätter und hielt das Kindlein fest umhüllt …
Zu eben jener Zeit träumte eine Mutter, dass sie ein Kind weinen hörte. Da ging sie und fand das Kind auf einer großen Seerose und liebte es sehr. Im Traum dachte sie sich nichts dabei, nahm es in den Arm und trug es nach Hause.
Als neun Monate später ein kleiner Junge auf die Welt kam, war die

Freude riesengroß. Sanft betteten die Eltern ihren kleinen Sohn in der Wiege, die der Großvater schon vor vielen Jahren selbst gezimmert hatte.

Die Zeit Ihrer Geburt ist längst vorbei, und wenn Sie heute wählen könnten, würden Sie sich vielleicht anders entscheiden. Und was vor hundert oder tausend Jahren geschah, scheint erst recht nicht mehr viel mit Ihnen zu tun zu haben, oder? Dennoch: So wie die Generationen vor Ihnen mit der Erde umgegangen sind, so finden Sie sie heute vor. Und so wie Sie heute mit dem Planeten umgehen, werden Ihre Kinder ihn vorfinden. Gewalt in früheren Leben schafft einen Boden der Gewalt. Unachtsamkeit in früheren Existenzen führt zu sehr konkreten Problemen in der jetzigen. Doch Schwierigkeiten sind für unsere Seele kein Grund zu resignieren. Im Gegenteil: Wir wollen leben und unser ganzes Streben richtet sich darauf, das Rad des Lebens in Bewegung zu halten.

◎ Für den Menschen besteht die einzige Möglichkeit, Freiheit und Glück zu erlangen, darin, sich ins Leben zu stürzen. Geboren zu werden und seine Energien an dieses Leben zu binden ist daher ein sehr guter Schachzug.

Die Geburt – ein kostbarer Schatz

Nach buddhistischer Auffassung ist die Geburt einerseits etwas, »das wir selbst machen« (oder besser gesagt etwas, für das wir selbst die Voraussetzungen schaffen); andererseits ist die Geburt aber auch ein kostbares Gut, eine »goldene Chance«, die wir unbedingt nutzen sollten.

Buddhas Schildkröte

Buddha wies darauf hin, dass die menschliche Geburt ein Privileg ist, das meist unterschätzt wird. Er verdeutlichte das mit der Geschichte von einer blinden Schildkröte, die durch die Weltmeere schwimmt. Ebenso wie die Schildkröte dümpelt auch ein Holzbrett mit einem Astloch in der unendlichen Weite des Meeres umher. Buddha fragte seine Mönche, wie groß wohl die Wahrscheinlichkeit sei, dass die blinde Schildkröte ihren Kopf ausgerechnet in das kleine Astloch steckt, wenn sie nur alle 100 Jahre einmal an die Oberfläche kommt, um zu atmen. Die Mönche antworteten, dass dies sicher völlig ausgeschlossen sei. Doch Buddha sprach: »Unmöglich ist es nicht, ihr Mönche, doch sehr unwahrscheinlich. Ebenso unwahrscheinlich ist es jedoch, als Mensch geboren zu werden.«

Ganz gleich, ob Ihre persönliche Wanderung von der Tal-, Mittel- oder Bergstation aus beginnt – ganz egal, ob die »Sterne« gut oder schlecht stehen: Die Geburt ist ein großes Geschenk, denn es bietet jedem die Möglichkeit, den Gipfel zu erreichen. Darüber hinaus komponiert jeder von uns an seiner »Unvollendeten«. Wir alle haben noch Aufgaben, die wir erledigen oder Erfahrungen, die wir noch sammeln möchten. Die Geburt ermöglicht es, die unvollendete Sinfonie in diesem Leben genau dort weiter zu komponieren, wo sie unterbrochen wurde. Alle angesammelten Erinnerungen und Erfahrungen überdauern als mentale oder emotionale Informationen Leben um Leben. Unsere Aufgabe besteht darin, diese Informationen so zu nutzen, dass am Ende eine vollendete, harmonische Sinfonie erklingen kann.

◎ Von wo auch immer Ihre Reise beginnt, es lohnt sich. Und der Schritt, den Sie in diesem Augenblick machen, ist der wichtigste.

Grundinstallation (Erziehung)

Unsere Geburt ist bereits eine Manifestation des Karma. Wir schwimmen so gut wir können im weiten Meer des Seins, von warmen Strömungen guten Karmas getragen und in Strudeln schlechten Karmas bedroht. Und nun lernen wir zu schwimmen. Gute Schwimmer im Ozean des Lebens werden wir, wenn wir lernen, durch unser Denken und Handeln gutes Karma zu erzeugen, das uns mit Leichtigkeit auf dem Lebensmeer hält und uns Schwierigkeiten überwinden lässt. Als schlechte Karma-Schwimmer erzeugen wir durch unsere Bewegungen Strömungen, die uns ständig in die Tiefe zu ziehen drohen – und geraten wir in einen Sog, müssen wir ums Überleben kämpfen.

Ob wir gute oder schlechte Karma-Schwimmer werden, bestimmt zu einem kleinen Teil unsere Geburt. Doch weitaus wichtiger ist die Erziehung. Dort manifestiert sich das Karma unserer Ahnen stärker noch als bei unserer Geburt. Das Karma bewirkt eine Fortsetzung des Gewesenen.

◎ Die Wiedergeburt findet mehr in der Erziehung statt als vorher.

Ein Baby ist hilflos; sein Karma wird von seinen Eltern gestaltet: Sie legen die Grundsteine für seine spirituelle und geistige Zukunft. Sie »installieren das Betriebssystem« könnte man in der Computermetapher sagen. Auf der Erziehung baut die spätere Entwicklung auf.
Die Metapher zeigt natürlich auch, dass Erziehung nicht *alles* ist: Neue »Programme« (Einstellungen, Denkmuster, Verhaltensweisen) können später installiert werden, die die Schwächen des »Betriebssystems« (der Prägung durch die Erziehung)

auffangen – und ja, es kann sogar ein ganz neues Betriebssystem installiert werden. Doch das erfordert einen wahrhaft großen Schritt, viel Kraft und – viel gutes Karma.

Ein Kind zu erziehen ist immer eine gewaltige Aufgabe und Verantwortung, denn die Erziehung ist stets eine Quelle starken Karmas: guten wie auch schlechten Karmas. Die spirituelle Herausforderung von Eltern ist groß. Gelingt es ihnen, an dieser Aufgabe zu wachsen und sich selbst von schlechtem Karma zu befreien, werden sie zu einer starken Quelle guten Karmas.

◎ In unseren ersten Lebensjahren werden wir geformt und geprägt. Wir sind wie Ton in der Hand eines Künstlers – er gestaltet das geistige Gefäß, es erhält Form und Verzierungen. Der Ton wird erst durch die Erfahrungen des Lebens gehärtet. Doch auch wenn die Form noch formbar bleibt: Es ist viel durch die erste Gestaltung vorgegeben.

Es ist sehr wichtig, sich dieser Formwerdung bewusst zu werden. Wer sich die Quelle seines Karmas nicht erschließt, wird es schwer haben, seine wahren Beweggründe, seine ungewollt schlechtes Karma erzeugenden Denk- und Verhaltensmuster zu verstehen. Und dieses Verstehen ermöglicht erst den Prozess der Selbsterziehung – das selbst-bewusste Neuformen des spirituellen Gefäßes, die »Neuinstallation des Betriebssystems«.

Wenn wir unsere Erziehung verstehen, können wir wie aus einem langen Schlaf aufwachen und begreifen, dass es nicht unser wahres Selbst ist, das schlechtes Karma erzeugt. Dann erkennen wir, dass sich in uns das Karma unserer Vorfahren fortpflanzt. Wir erkennen, dass wir in diesem Sinne Wiedergeborene sind.

Diese Erkenntnis ist ungeheuer wichtig. Sie ist die Einsicht, dass altes Karma durch uns weiterwirkt, sie ist der Aufruf, unser Karma fortan selbst zu gestalten.

Das Erkennen unserer seelischen Formung durch die Erziehung ist eine Erkenntnis, die sich an *uns selbst* richtet: Die Suche nach »Schuld« ist wieder eine Quelle schlechten Karmas. Suchen wir nach Schuld bei unseren Eltern, unseren Großeltern, bei Adam und Eva – dann werden wir nichts verändern. Und das alte, schlechte Karma wird sich weiter fortpflanzen.

Programmieren (Selbsterziehung)

Sobald unser Selbst uns zu Bewusstsein kommt, beginnen wir damit, uns selbst zu »programmieren« – wir beginnen das Seelengefäß, das wir in uns vorfinden, vorsichtig umzuformen und unser eigenes Karma zu schaffen. Als kleine Kinder tun wir das noch sehr wenig; die Erziehung durch unsere Eltern, unsere Lehrer, unsere Umwelt ist noch stärker.

◎ Der Reifungsprozess ist der Vorgang, bei dem wir uns immer mehr vom Karma früherer Leben befreien und unser Karma selbst schaffen.

Diese spirituelle Reifung ist nicht parallel zur körperlichen Reifung; die körperliche Reifung ist nur eine Voraussetzung. Die spirituelle Reifung hat ihr eigenes Tempo und findet in sehr unterschiedlichem Ausmaß statt: Bei manchen Menschen – bei »alten Seelen« – setzt sie bereits in der Pubertät ein. Schon 14-Jährige gibt es, die zu Gestaltern ihres eige-

nen Karmas werden – andere sind noch mit 40 Jahren (oder ihr ganzes Leben lang) durch ihr altes Karma bestimmt.
Die Selbstfindung und dann die Selbstverwirklichung (in dieser Reihenfolge!) ist die karmische Lebensaufgabe.
Karma pflanzt sich fort. Das bedeutet, dass Menschen, die sich nicht von wiedergeborenem Karma lösen, die sich nicht von den Einflüssen ihrer Erziehung, den Traditionen und Werten ihrer Vorfahren und der Gesellschaft lösen, lediglich Multiplikatoren ihres Karmas sind.
Nun heißt das keineswegs, dass die Werte, die Traditionen und die Formgebung der Erziehung schlecht sein müssen. Doch sie können erst Wert gewinnen, wenn sie neu entdeckt und verwirklicht werden. Das blinde Fortführen des Alten erzeugt immer schlechtes Karma.
Mit der Entdeckung des eigenen spirituellen Selbst beginnt erst die bewusste Beeinflussung des eigenen Karma.

So wichtig auch Geburt und Erziehung sind: Sie sind nur Faktoren, die beeinflussen, wie gut die Selbsterziehung ist. Auch das krank geborene Kind, dessen Eltern noch in schlechtem Karma gebunden sind, kann diese Last überwinden – auch wenn es viel größere Schwierigkeiten zu überwinden hat. Doch diese Schwierigkeiten gehören ebenfalls zu seiner karmischen Aufgabe – sie entbinden nicht davon, sich selbst zu finden.
Sie können sogar zur Quelle guten Karmas werden: Nur der Arme weiß, was Armut ist, nur der Kranke, was Krankheit ist, nur der Vernachlässigte kann wirklich die Bedeutung der Liebe ermessen.

INBETRIEBNAHME

»Die Geschichte des freien Menschen wird nie vom Zufall geschrieben, sondern durch Entscheidungen – seine Entscheidungen.«

Dwight D. Eisenhower

Wer ins Meer springt, sollte schwimmen können. Auch wer (wie wohl die meisten von uns), nicht gerade im Mittelmeer, dafür aber im unendlichen Meer des Karmas treibt, hat Vorteile, wenn er ein paar Schwimmtechniken beherrscht. Er kann die Richtung selbst bestimmen und kommt an sein Ziel, statt sich nur irgendwie über Wasser zu halten.

»Karma« ist nicht gleich »Schicksal«. Im Karma-Meer können Sie jederzeit die Richtung wechseln und sogar die Strömung beeinflussen. Dazu sollten Sie allerdings nicht nur wissen, *wie* man schwimmt, sondern auch, *wohin* Sie wollen.

Erste Schritte

Vier erste Schritte helfen uns dabei, schlechtes Karma in gutes zu verwandeln:

1. Den Kreislauf erkennen
2. Sich selbst erforschen
3. Eine Entscheidung treffen
4. Achtsamkeit entwickeln

»Schlechtes Karma in gutes verwandeln« – das hört sich vielleicht etwas theoretisch an. Doch die Folgen sind sehr konkret, denn es macht aus Pechvögeln Glückspilze. Es verwandelt Versager in Gewinner und ängstliche, nervöse Menschen in freie und gelassene. Sobald Sie Ihr Karma »in Betrieb nehmen«, werden Sie sehr konkrete Resultate erzielen. Und da die ersten Schritte dabei besonders wichtig sind, wollen wir sie uns kurz etwas genauer ansehen.

1. Schritt: Den Kreislauf erkennen

Auf der Erkenntnis beruht die Freiheit.

Ernst von Feuchtersleben

Spirituelle Erkenntnis ist das Einzige, was uns dauerhaft aus dem Labyrinth des Leidens befreit. Der erste Schritt in die Freiheit besteht darin zu *erkennen*: Karma ist nicht abstrakt, sondern sehr real.
An sich ist es nicht schwer zu sehen, dass Ursachen auch Wirkungen nach sich ziehen. Im Gegensatz zu seinen Kühen oder Ziegen weiß der Bauer beispielsweise ganz gut, welche Folgen es hat, wenn der Stall nie ausgemistet wird. Oder dass

häufiges Telefonieren mit dem Handy ganz schön teuer werden kann.

Dass unsere Handlungen Folgen haben, können wir oft sehr schnell erkennen – beispielsweise wenn wir im Auto an der roten Ampel geblitzt werden oder wenn wir die Wassertemperatur beim Duschen auf »kalt« umstellen.
Das Karma-Prinzip wirkt jedoch nicht nur unter der Dusche, sondern auch in unserem Job, in unserer Partnerschaft, in Bezug auf unsere Gesundheit oder sogar auf unseren Kontostand. Leider sehen wir die Auswirkungen jedoch nicht immer sofort, sondern manchmal erst viele Jahre später.

Damit wir das »Schicksal« überreden können zu tun, was *wir* wollen, müssen wir zunächst unseren »Karma-Blick« schärfen. Wir sollten uns darin üben, Zusammenhänge zu erkennen. Karma-Wirkungen können wir gut in der äußeren Welt studieren: Ob Mutter Teresa oder Stalin, ob Gandhi oder Hitler, ob ein Gemälde von Paul Klee oder eine sechsspurige Autobahn durchs Industriegebiet – jede Manifestation beginnt mit bestimmten Ideen, Motivationen, Einstellungen. Kurzum: Es gibt Ursachen. Ist die Ursache heilsam, ist die Wirkung es auch. Ist aber schon die Ursache zerstörerisch, wirkt sich das auch zerstörerisch aus.

Natürlich können wir unseren »Karma-Blick« nicht nur nach außen, sondern auch auf uns selbst richten – das ist allerdings schwieriger: weil wir es nicht gewohnt sind. Vor allem sind wir es nicht gewohnt, ehrlich zu uns selbst zu sein. Doch im Grunde finden wir viele Antworten, wenn wir nur aufmerksam in uns hineinhorchen. Wie wirkt sich mein Verhalten aus? Bewirke ich Gutes oder säe ich Neid, Misstrauen und Streit? Oder noch konkreter: Ist es Zufall, dass ich seit Jahren zunehme oder hat das vielleicht doch etwas damit zu tun, dass ich zu viel esse – und ist es Zufall, dass ich zu viel esse, oder fehlt mir vielleicht etwas anderes?

◎ Es ist nicht nötig, an Karma zu »glauben«. Wir können tagtäglich erkennen, wie eng Ursache und Wirkung zusammenhängen. Daher sollten wir lernen, auf Zusammenhänge zu achten – sowohl auf die großen als auch auf die kleinen.

Der erste Schritt, *Den Kreislauf erkennen,* beinhaltet aber auch, dass wir unsere eigenen Möglichkeiten in diesem Kreislauf durchschauen. Natürlich gibt es für alles, was uns passiert, auch äußere Auslöser. Doch letztlich sind wir selbst es, die »unser Leben machen«. Ob Traurigkeit oder Freude, ob Streit oder Harmonie, Erfolg oder Misserfolg – ja sogar, ob Armut oder Reichtum: Nur wer *erkennt*, dass er selbst es ist, der die Richtung bestimmt, kann sie bewusst bestimmen, statt vergebens auf Hilfe von außen zu warten.

2. Schritt: Sich selbst erforschen

»Willst du dein jetziges Leben erkennen, so betrachte deine Vergangenheit. Willst du die Zukunft kennen, so betrachte deine Gegenwart.«

Buddha

Zu erkennen, dass Karma innen und außen wirksam ist, ist der erste Schritt. Der zweite besteht darin, Bilanz zu ziehen:

- Wo stehe ich?
- Wie geht es mir eigentlich – ganz ehrlich?

- In welcher Lebenssituation befinde ich mich – und wie bin ich da nur hineingeraten?

Fragen dieser Art helfen weiter. Und da wir hier keinen Test absolvieren, bei dem wir Fragen falsch beantworten können, können wir sie uns auch gleich aufrichtig beantworten.

◎ Die Zustände, in denen Sie sich befinden, sind vorübergehend – Rückschlüsse auf große Karma-Zusammenhänge lassen sich daraus kaum ziehen. Dennoch: Je genauer Sie hinschauen, desto mehr sehen Sie. Und oft werden Sie dabei sehr interessante Entdeckungen machen ...

Wer sich selbst erforscht, sollte dabei entspannt bleiben. Es bringt nichts, sich über sich selbst zu ärgern, sich zu verurteilen oder sich in Fehler und Schwächen hineinzuvertiefen, die ja doch nur menschlich sind. Das Einzige, was uns weiterbringt, ist *anzunehmen, was ist.*

Um einen Blick auf uns selbst zu werfen, können wir zum Beispiel in den Spiegel schauen. Das Ergebnis mag erfreulich oder frustrierend sein – über unser Karma sagt es nur sehr wenig aus. Viel wichtiger ist es, *innerlich* Bilanz zu ziehen. Und dabei verdienen drei Bereiche unsere besondere Aufmerksamkeit:
Die Gedanken: Was denke ich? Kann ich Gedankenmuster erkennen, die mich immer wieder einfangen: Woran muss ich regelmäßig denken? Sind meine Gedanken eher optimistisch oder pessimistisch?
Die Gefühle: Was fühle ich? Wie fühle ich »mich«? Gibt es offensichtliche oder verborgene Gefühlsmuster, die meine Stimmungen oft beeinflussen? Herrschen Traurigkeit, Ängstlichkeit, Unruhe oder eher Freude, Leichtigkeit oder Gelassenheit vor?

Das Tun: Wie handle ich? Tue ich wirklich, was mir (auch langfristig) guttut? Gibt es belastende Verhaltensmuster? Steuere ich auf meine Ziele zu oder dümple ich eher vor mich hin? Führen meine Handlungen häufiger zu positiven oder zu negativen Folgen – sei es bei mir selbst, bei anderen Menschen oder in der Umwelt?

◎ **Es geht nicht um Bewertung. Das Einzige, was weiterhilft, ist *Erkenntnis*. Und das Wichtigste, das Sie erkennen sollten, ist, was Sie daran hindert, erfüllt, glücklich und frei zu sein.**

Eine andere Möglichkeit, etwas über sich selbst zu erfahren, besteht darin, herauszufinden, was Ihr »Thema« ist. Ob es um Ihre Beziehungen, Ihren Job, die Gesundheit oder Ihr Selbstbild geht: Womit haben Sie immer wieder zu kämpfen? Oder andersherum: Wobei erfahren Sie tiefe Befriedigung und Glück?

Vielleicht gibt es ein Thema (oder mehrere), das Sie bereits in jungen Jahren beschäftigt hat, und das heute immer noch aktuell ist. Vielleicht hat das, was Ihnen früher zu schaffen gemacht hat, inzwischen aber auch keine Bedeutung mehr für Sie, da sich längst ein neues Thema herauskristallisiert hat.
Es gibt so viele Themen wie Menschen auf der Welt. Beispielsweise kann es unser Thema sein, dass wir Ungerechtigkeit nicht ertragen können. Oder dass wir mehr Freiheit suchen – oder mehr Freude, mehr Sicherheit, mehr Vertrauen …

Muster und Themen sagen sehr viel mehr über uns aus als momentane Launen. Wenn wir herausfinden, ob und wo wir es beim Denken, Fühlen und Handeln mit bestimmten Mustern oder Themen zu tun haben, finden wir dabei auch zu unseren Werten. Und in unseren Werten können wir das Geheimnis entdecken, wie wir uns von den Fesseln negativen Karmas lösen können. Vor allem aber können unsere Werte uns dahin führen, dass wir kraftvolle Entscheidungen treffen …

3. Schritt: Eine Entscheidung treffen

»Abgesehen vom Leben selbst ist die Fähigkeit zu wählen das größte Geschenk, das uns gemacht wurde.«

Stephen Covey

Ein wichtiger Unterschied zwischen »Schicksal« und »Karma« ist, dass im ersten Fall die Götter, im letzteren aber Sie selbst entscheiden. Und da man nie weiß, wie die Götter so gelaunt sind, ist das ein Vorteil. Sein Leben dem Schicksal zu überlassen hieße nämlich, blind auf den Zufall zu vertrauen – das kann zwar manchmal gut, manchmal aber auch ganz schön schiefgehen.

◎ Wenn Sie sich lieber nicht auf die Gnade der Götter verlassen wollen, sollten Sie selbst aktiv werden und die Richtung festlegen, in die Sie wollen. Der Schlüssel dazu liegt in der Kraft der Entscheidung.

Karma steht aber nicht im Gegensatz zu einem Glauben an Gott. Auch wenn wir darauf vertrauen, dass Gott über uns wacht – nicht umsonst heißt es »Hilf dir selbst, so hilft dir Gott!«. Dass wir selbst über unser Los bestimmen, heißt nur, dass wir nicht einfach träge die Hände in den Schoß legen, sondern uns aktiv für das Gute entscheiden. »Die Wege Gottes sind unergründlich«, heißt es. Die Entscheidung für das Gute ist aber in jedem Fall gut.

Ihre Gegenwart ist die Folge von früheren Entscheidungen. Durch das, was Sie gestern entschieden haben, sind Sie geworden, was Sie heute sind. Und durch das, was Sie heute entscheiden, gestalten Sie Ihre Zukunft.

Die Schuhe, die Sie tragen,
der Beruf, den Sie ausüben,
das Buch, das Sie gerade lesen,
der Partner, den Sie geheiratet haben –
all das ist die Folge von Entscheidungen. Vielleicht bereuen Sie ja inzwischen einiges davon. An den Entscheidungen der Vergangenheit können Sie nichts mehr ändern. Was jedoch die Zukunft betrifft, so können Sie sich jederzeit neue Schuhe, eine neue Tätigkeit, ein anderes Buch oder vielleicht sogar einen neuen Partner suchen – sofern Sie sich wirklich dafür entscheiden.

Das Karma, das wir in der Vergangenheit geschaffen haben, wirkt natürlich auf die Gegenwart. Wenn wir uns beispielsweise an einen Partner gebunden haben und nun meinen, dass wir uns von diesem Menschen lösen wollen oder sogar müssen, haben wir mehr karmische Wirkungen zu bedenken, als wenn wir uns nicht durch Versprechen gebunden hätten. Verlassen wir unseren Partner, kann das eventuell nötig sein – doch es kann natürlich auch schlechtes Karma schaffen, wenn wir dabei den Partner verletzen. Oder weniger bedeutungsschwer: Wir können uns jederzeit neue Schuhe kaufen – doch die Hühneraugen, die wir durch die alten, unpassenden bekamen, werden uns noch eine Weile begleiten.

Dass wir uns täglich entscheiden und unseren Weg neu bestimmen können, bedeutet nicht Verantwortungslosigkeit. Und doch:

◎ **Durch Entscheidungen können Sie Ihre Richtung sofort verändern.**

Entscheidungen sind wichtig, um alte Gewohnheiten zu durchbrechen. Zwar sind viele unserer alten Gewohnheiten ebenfalls die Folge vergangener Entscheidungen, aber nicht unbedingt *bewusster* Entscheidungen. Auch negative Gemütszustände wie Ängste, Langeweile oder Gier können zu schädigenden Verhaltensweisen führen. Manchmal dauert es dann Jahre, bis wir merken, dass wir in die (Karma-)Falle getappt sind …

Angenommen, Sie haben sich entschlossen, mit dem Rauchen aufzuhören: Sie wissen und spüren, dass Ihnen Nikotin nicht guttut. Also entscheiden Sie sich aufzuhören. Welche Mittel Sie benutzen, um von der Zigarette wegzukommen, ist nebensächlich: Ob Nikotinpflaster oder Hypnose – ganz egal. Ausschlaggebend ist, dass Sie sich entschieden haben!
Ebenso wie Entscheidungen uns von gesundheitsschädigenden Mustern befreien können, können sie uns auch von seelischem Ballast befreien.

◎ **Glückspilze sind vor allem deshalb Glückspilze, weil sie in ihrem Leben viele Glücks-Entscheidungen getroffen haben.**

Die verschiedenen Grundanwendungen, die Sie im Kapitel »Wartung und Pflege« (Seite 101 ff.) kennenlernen, sind allesamt Einladungen, sich neu zu entscheiden: beispielsweise gegen Angst, Enttäuschung, Ärger und Neid – oder für mehr Gelassenheit, Heiterkeit oder Mitgefühl. Oder Sie entscheiden sich für Fülle statt für Mangel, für Erfolg statt für Misserfolg.
Jede Entscheidung, die Sie treffen, verändert die Strömungen im Karma-Meer. Diese beeinflussen nicht nur Sie selbst, son-

dern auch die Menschen die mit Ihnen schwimmen. Und natürlich beeinflussen sie auch Ihr weiteres Karma.

Karma hat nichts mit Zufall zu tun. Wir haben die Wahl. Wahlfreiheit zu haben heißt, dass wir bei Weitem nicht so abhängig sind, wie wir oft glauben – weder von unseren Genen noch von unserer Vergangenheit oder davon, wie andere uns behandeln.

◎ **Jede Ihrer Entscheidungen ist ein Versprechen, das Sie sich selbst geben. Doch nur mit der Willenskraft, die aus dem Einklang mit Ihrer wahren Natur entspringt, schaffen Sie es, das Versprechen auch zu halten.**

Um positive Veränderungen zu bewirken, ist ein gesunder Wille Gold wert. Damit wir überhaupt wählen können und uns zwischen den Tausenden von Reizen, die täglich auf uns einströmen, zurechtfinden, brauchen wir unsere Willenskraft. Leider ist Erziehung oft darauf ausgerichtet, den Willen des Kindes zu brechen. Und wer sich erst einmal daran gewöhnt hat zu gehorchen, tut sich später schwer, seinen eigenen Willen zu entdecken. Statt selbst aktiv »sein Glück zu machen«, neigt man dann dazu, »sich seinem Schicksal zu beugen«.

Kinder haben noch einen starken Willen. Und sie äußern ihn sehr unmittelbar. »Ich will Bonbons!« heißt nämlich immer: »Jetzt sofort!« Doch später wird der Mensch und mit ihm sein Wille erwachsen. Dann geht es nicht mehr so sehr darum, spontane Bedürfnisse zu befriedigen. Weitblick und die Fähigkeit, den Willen in Einklang mit seiner wahren Natur zu bringen, wird dann wichtiger.
Wer seinem Heißhunger auf eine mehrstöckige Sahnetorte widersteht und stattdessen nur eine Tasse Tee trinkt, wird sich

anschließend wohler und leichter fühlen. Und wer sich das sogar zur Gewohnheit macht, wird den Unterschied irgendwann sehr deutlich zu spüren bekommen – an seinem Gewicht und an seinen Blutwerten. Natürlich können wir in noch größeren Spannen denken: Wenn wir heute einen Baum pflanzen, werden spätere Generationen in seinem Schatten ruhen und bessere Luft atmen können.

Ganz gleich, ob Sie sich für mehr Bewegung oder mehr innere Ruhe entscheiden: Eine echte Entscheidung erfordert, dass Sie einen deutlichen Schlussstrich unter Ihre Vergangenheit ziehen. Das ist vor allem eine Frage der geistigen Klarheit. Mit einem Satz wie: »Ich glaube, ich sollte vielleicht irgendwann einmal etwas mehr für meine Gesundheit tun« werden Sie keine Veränderung erzielen. Wer wirklich etwas ändern will, braucht klare Zielvorgaben. Zum Beispiel: »Ich bin mit meiner körperlichen Verfassung unzufrieden. Ich brauche mehr Bewegung: Ab heute werde ich dreimal pro Woche je eine halbe Stunde lang flott im Park spazieren gehen. Ich werde das abends vor dem Essen machen – und ich fange schon heute an!«

Jede richtige Entscheidung öffnet neue Wege und Möglichkeiten. Ob die Entscheidung tatsächlich »richtig« war, spüren wir sehr schnell.

◎ Was immer Sie wählen – das Gesetz der Anziehung wird dafür sorgen, dass Sie Ihre Ziele auch erreichen. Daher sollten Sie sehr wählerisch sein ...

Das Gesetz der Anziehung bewirkt, dass wir jene Freunde, Jobs oder Umgebungen anziehen, die unseren Gedanken- und Gefühlsmustern entsprechen. Diese Muster prägen auch unser

Karma. Sie haben sich in der Vergangenheit gebildet und wirken in die Zukunft hinein.

Was Sie säen, ernten Sie. Was Sie ausstrahlen, fällt auf Sie zurück. Wenn Sie Liebe, Begeisterung und Lebensfreude ausstrahlen, werden Ihnen Menschen begegnen, die ebenfalls Liebe, Begeisterung und Freude leben. Oder wie Joseph Campbell sagte: *»Folgen Sie der Freude, und das Universum wird Ihnen dort, wo bisher nur Mauern standen, sämtliche Türen öffnen.«*

Ob Sie Ihren Geist auf Glück oder Unglück ausrichten – immer sind Sie es, der entscheidet, in welchen Strom Sie eintauchen. Ihre Energie fließt immer in die Richtung Ihrer Aufmerksamkeit. Daher ist es so wichtig, bewusst auszuwählen. Und das fällt umso leichter, je achtsamer wir sind.

4. Schritt: Achtsamkeit entwickeln

»Achtsam sein, ihr Mönche, ist alles.«

Buddha

Eine der einfachsten Regeln, um schlechtes Karma zu vermeiden, lautet: »Erst denken, dann handeln«. So könnte man zumindest meinen. Doch mit dem Denken ist es so eine Sache: Im Ernstfall fehlt uns leider die Zeit für lange Reflexionen.
Natürlich können wir *theoretisch* darüber nachdenken, dass es beispielsweise nett wäre, andere Menschen so zu behandeln, wie wir von ihnen behandelt werden wollen – und wie das dann wohl im Einzelnen aussehen könnte. Was aber die Praxis betrifft, so sind plötzlich aufsteigender Ärger, Wut oder

auch nur die Gier auf die Schokoladentorte meist schneller und stärker als jeder noch so vernünftige Gedanke.
Nachdenken ist gut, um seinen Kurs zu bestimmen oder sich prinzipiell einmal darüber klar zu werden, worauf es einem ankommt. Wenn es aber um die konkrete Umsetzung geht, gibt es eine viel effektivere Möglichkeit: Achtsamkeit!

Riesige Wellen an schlechtem Karma entstehen allein durch mangelnde Wachheit. Die meisten Menschen gehen mehr oder weniger schlafwandelnd durchs Leben und man kann noch von Glück sagen, wenn sie dabei nicht allzu viel Schaden anrichten.
Vor Gericht spielt die Zurechnungsfähigkeit eine große Rolle. Wer eine Straftat begeht, dabei jedoch unter Drogen steht, stark angetrunken ist oder im Affekt handelt, kann mit mildernden Umständen rechnen. Geistige Umnachtung soll sich ja nicht nur vor dem weltlichen, sondern sogar vor dem göttlichen Gericht strafmildernd auswirken. Zumindest hat Jesus ein gutes Wort für die Menschheit eingelegt, als er sprach: »*Vater vergib ihnen, denn sie wissen nicht, was sie tun.*« (Lk 23,34).

◎ Wer »nicht weiß, was er tut«, erzeugt viele Probleme – und eine Menge schlechtes Karma. Zwar mag Unbewusstheit manchmal vor Strafe schützen, vor Schaden aber schützt sie nie.

Es gibt viele Arten zu »schlafen«: Ob Drogen, Alkohol oder Dauerfernsehen – ob aufbrausende Emotionen, seelische Probleme, Stress oder negative Verhaltensmuster: unsere geistige Klarheit bleibt dabei auf der Strecke. Doch es gibt ein Gegenmittel: *Achtsamkeit.* Durch aufmerksames Beobachten können wir sofort Licht ins Dunkel bringen. Wo Achtsamkeit ist, können wir zwar immer noch viel Unsinn machen –

aber wir machen den Unsinn dann zumindest wach und bewusst. Und interessanterweise löst er sich dadurch oft ganz von selbst auf.

◎ **Achtsam sein heißt, sich völlig auf das Hier und Jetzt zu konzentrieren. Und da wir immer und überall Hier und Jetzt sind, gibt es unendlich viele Möglichkeiten, sich dessen auch bewusst zu werden.**

Durch Achtsamkeit können wir uns aus Karma-Strudeln befreien, die durch verselbstständigtes Denken und Reagieren entstehen (und das sind ziemlich viele). Wenn wir anfangen, uns selbst zu beobachten, unsere Gedanken und Gefühle genau anzuschauen und – wie es im Buddhismus heißt – »unseren Geist zu studieren«, erwachen wir spontan aus unserem Roboterleben.

Es gibt zwei Felder, auf denen Achtsamkeit geübt werden kann: zum einen bei der Meditation – wenn wir also still werden und einfach nur Zuschauer unserer Gedanken und Gefühle werden, die ständig kommen und gehen. Zum Zweiten mitten im Alltag, wenn wir uns beispielsweise im Stau oder bei einem Streit dabei erwischen, wie wir mit typischen Mustern (wie Wut oder Ungeduld) reagieren.

Wer achtsam ist, wacht auf. Einmal erwacht wird klar, dass es nie die Umstände sind, die zählen, sondern immer die Art, wie wir darauf reagieren.
Maria von Ebner-Eschenbach schrieb einmal: »*Nicht was wir erleben, sondern wie wir empfinden, was wir erleben, macht unser Schicksal aus.*« Auch im Hinblick auf das Karma-Gesetz ist dies von großer Bedeutung.
Es gibt äußere Faktoren oder Reize, die scheinbar »objektiv« unangenehm sind (wie etwa der Lärm einer Baustelle). Doch

schlechtes Karma entsteht nur, wenn wir ungehalten auf diesen Reiz reagieren, statt gelassen zu bleiben.

◎ Nicht das, was passiert, entscheidet über unser Karma, sondern unsere Reaktionen. Wenn wir den Raum zwischen Reiz und Reaktion ausdehnen, fällt es uns leichter, gelassen zu bleiben. Und Achtsamkeit hilft, diesen inneren Raum zu vergrößern.

Zwischen Reiz und Reaktion gibt es einen Spielraum. Im Affekt ist dieser Raum sehr klein – wenn wir es jedoch schaffen, tief durchzuatmen, bevor wir reagieren, ist der Raum immerhin schon einen Atemzug länger geworden …

Je größer der Raum ist, desto freier sind wir in unserer Möglichkeit zu wählen. Darum gilt auch bei auftretenden Problemen der gute alte Rat: erst einmal eine Nacht darüber schlafen – oder wenigstens bis zehn zählen. Nicht gleich reagieren. Nicht gleich mit Geschirr werfen oder in Tränen ausbrechen. Versuchen wir lieber, zuerst etwas Abstand zu gewinnen und »psychologischen Raum« zu schaffen.

Nur wer wach und bewusst ist, kann sein »Schicksal« lenken. So gesehen stimmt »erst denken, dann handeln« dann doch. Aber natürlich könnte man auch sagen: »Erst aufwachen, dann handeln«.

Die vier ersten Schritte dienen allesamt dazu »aufzuwachen«, denn wer wach und bewusst handelt, handelt sich nur in sehr seltenen Fällen schlechtes Karma ein. Böse Absicht ist die Ausnahme, Unbewusstheit die Regel.

Um die vier ersten Schritte in Richtung Freiheit und Glück zu gehen, bietet der Alltag jede Menge Möglichkeiten: Hier können wir erfahren,

- dass Karma wirkt und dass es Zusammenhänge gibt

- wo wir selbst stehen und in welche Fallen wir immer wieder tappen
- welche Entscheidungen nötig sind, um unsere Richtung zu ändern
- wie Achtsamkeit uns hilft, im täglichen Chaos die Nerven und einen klaren Blick zu bewahren.

GRUNDANWENDUNGEN IM ALLTAG

»Jeder Tag ist ein ganzes Leben.«

Japanische Redewendung

In welchen Situationen lenken wir unseren Blick auf das, was wirklich wesentlich ist? Wann beginnen wir, über unser Karma nachzudenken, und treffen Entscheidungen, die unser Leben verändern? Meist dann, wenn wir in außergewöhnliche Umstände geraten. Jeder von uns kennt diese besonderen Augenblicke, die alles verändern können – wenn etwa ein Kind geboren wird oder wenn jemand stirbt, den wir geliebt haben. Doch neben diesen ganz besonderen Ereignissen gibt es auch den »Alltagstrott«. Und gewöhnlich verbringen wir sehr viel mehr Zeit mit Alltäglichkeiten als in Extremsituationen.

Die Bedeutung, die unser ganz gewöhnliches Leben für unser Karma hat, wird leicht übersehen. Der Alltag bietet viele Möglichkeiten – viele kleine Schritte –, um unser Karma tagtäglich zu verwandeln. Der Autor und Zen-Buddhist Philip Toshio Sudo sagt: *»Was wir während eines einzigen Tages machen – und wie wir das machen – bildet das Fundament unseres ganzen Lebens. Was nämlich ist das Leben anderes als die Summe unserer Tage?«*

Wenn Sie die Richtung Ihres Lebens verändern möchten, brauchen Sie dazu nicht auf Krisen zu warten. Warten Sie also nicht erst auf den Scheidungsanwalt oder den finanziellen Ruin. Erst recht nicht auf den Sechser im Lotto. Lenken Sie Ihre Aufmerksamkeit stattdessen lieber auf die ganz einfachen, scheinbar banalen Angelegenheiten des täglichen Lebens.
Jede noch so kleine Entscheidung macht einen Unterschied.
Täglich können Sie sich beispielsweise entscheiden,
in welcher inneren Haltung Sie den Abwasch erledigen,
welche Zeitung Sie lesen,
ob Sie sich abends die Zähne putzen,
ob Sie sich von Kleinigkeiten ärgern lassen,
ob Sie mit dem Fahrrad oder dem Auto fahren ...

Und mit jeder dieser Entscheidungen bestimmen Sie, welche Art von Karma Sie schaffen.

Instant-Karma

Im Alltag haben wir es oft mit *Instant-Karma* zu tun. Damit ist jene Art von Karma gemeint, die sehr *schnell sichtbar* wird und ganz *offensichtlich* mit unserem Handeln zusammenhängt: Wenn wir die Milch auf den Herd stellen und sie dann vergessen, wird sie überkochen. Mit Schicksal oder Zufall hat das nichts zu tun.
Karma – Ursache und Wirkung – die heiße Herdplatte – der angebrannte Topf: der Zusammenhang ist hier deutlich zu erkennen. Die buddhistische Nonne Ayya Khema schrieb: *»Bei großen Dingen dauert es oft lange, bis das ganze Maß ihrer Auswirkungen zutage tritt, einer sehr langsam wachsenden Pflanze vergleich-*

bar. Bei kleinen Dingen bekommt man die Folgen sofort zu spüren. Ob Sie sich mit jemandem zanken oder ihm in Liebe begegnen – auf der Stelle fühlen Sie sich elend oder gut …«

Im Alltag hat unser Handeln oft unmittelbare Folgen. Rufen wir in den Wald, folgt das Echo im Nu. Und wie man weiß kommt es dabei vor allem darauf an, *wie* wir in den Wald hineinrufen …

◎ Sie bestimmen die Richtung Ihres Karmas durch die Art, wie Sie im Alltag *handeln*.

Für ein Leben in Glück, Freude und Fülle ist keine besondere Anstrengung nötig. Und schon gar kein Heiligenschein. Sie müssen auf nichts warten, Sie müssen nichts »Besonderes« tun. Sie tun schließlich ohnehin ständig etwas. Wichtig ist nur, zu wissen, dass jedes Tun Folgen hat.

Instant-Karma zeigt uns sehr deutlich, dass es Ursachen für das gibt, was uns »passiert«:

Der verschüttete Kaffee, der in der Untertasse schwimmt und von dort aus auf unsere Kleidung rinnt …

Der Bus, den wir um Haaresbreite verpasst haben und der uns eine wichtige Verabredung versäumen lässt …

Der überquellende Mülleimer, der die Küche verpestet und unseren Besuchern den Appetit verdirbt …

Der Strafzettel, der unter dem Scheibenwischer klemmt und um den wir uns nun kümmern müssen …

Die Nackenschmerzen am Computer, die uns nötigen, den Orthopäden aufzusuchen …

Wir sind es, die handeln und entscheiden: ob wir wach und bewusst mit der Kaffeetasse umgehen, ob wir rechtzeitig aus dem Haus gehen, um den Bus zu erwischen, ob wir den Mülleimer leeren, ob wir uns ins Parkverbot stellen oder ob wir bei der Computerarbeit auf unsere Körperhaltung achten.

◎ Wer es versäumt, kluge Entscheidungen zu treffen, muss mit Schwierigkeiten rechnen.

Die einfachste Möglichkeit, sich von Alltagsstress zu befreien, besteht darin, seine Aufmerksamkeit für die alltäglichen Dinge zu schärfen. Wenn wir Geist und Handeln trennen oder, wie es so schön heißt, »mit dem Kopf ganz woanders sind«, brocken wir uns viele Unannehmlichkeiten ein – wir vergessen rechtzeitig zu tanken, verlegen unseren Hausschlüssel oder lassen besagte Milch auf dem Herd stehen.
Durch die Art, *wie* wir mit Alltäglichem umgehen, können wir entweder Zerstreuung und Stress verursachen oder aber Achtsamkeit und Gelassenheit entwickeln. Der Trick besteht darin, unser Tun mit unserem Kopf (wie übrigens auch mit unserem Herz) wieder zusammenzuführen. Dann werden wir die Milch ganz von selbst vom Herd nehmen, bevor sie überkocht.

Die Zitronen des Alltags

Der Alltag hält nicht nur *Instant-Karma*, sondern oft auch *Überraschungs-Karma* für uns bereit. Im ersten Fall ist der Zusammenhang offensichtlich, im letzteren ist er »unsichtbar«. Überraschungs-Karma wird daher oft mit Schicksal verwechselt. Diese Art von Karma entspricht der berüchtigten sauren Zitrone, die uns das »Schicksal« zuspielt. Und dann können wir wählen, ob wir die Zitrone mit saurem Gesicht ansehen oder uns nach Omas Rezept eine leckere Limonade daraus herstellen.

Mit Überraschungs-Karma haben wir es immer dann zu tun, wenn Dinge wie aus heiterem Himmel geschehen. Wer sich täglich mit seinem Partner streitet, mag sich vielleicht ärgern, wenn der ihm dann eines Tages wegläuft – wundern dürfte es ihn nicht. Verliebt sich der Partner aber neu, *obwohl* man freundlich und achtsam miteinander umgegangen ist, ist das schon sehr viel eher eine Überraschung.

Überraschungs-Karma kommt in vielen kleinen Ärgernissen des Alltags zum Vorschein, zum Beispiel

wenn wir in den Regen geraten, obwohl keine Wolke am Himmel zu sehen war, als wir aus dem Haus gegangen sind,

wenn unsere Aktienkurse abstürzen, ohne dass es dafür irgendwelche Anzeichen gab,

wenn uns jemand scheinbar grundlos anhupt oder uns die Vorfahrt nimmt,

wenn das Essen, das uns im Restaurant vorgesetzt wird, ungenießbar ist,

wenn ein Kollege seine schlechte Laune ausgerechnet an uns auslässt …

Doch Vorsicht: Auch wenn Überraschungs-Karma das ist, »was uns vorgesetzt wird«, ohne dass wir einen Zusammenhang sehen, heißt das noch lange nicht, dass dieser Zusammenhang nicht existieren würde. Letztlich hängen auch unsere Aktien und der mürrische Kollege mit unserem Karma zusammen.

Dennoch: Wir können nicht alles kontrollieren, was geschieht. Und selbst wenn wir alles kontrollieren könnten, ist die Frage, ob unsere Kontrolle weise wäre. Was passiert, das passiert. Das Einzige, was wir ändern können, wenn Schwierigkeiten auftauchen, ist unsere Reaktion: die Schlüsse, die wir aus der Situation ziehen, und die Art, wie wir denken, fühlen und handeln.

◎ Sie bestimmen die Richtung Ihres Karmas durch die Art, wie Sie auf das, was im Alltag geschieht, *reagieren*.

Auch wenn Sie keinerlei Zusammenhang zwischen sich und dem schlechten Wetter, der griesgrämigen Verkäuferin oder den steigenden Benzinpreisen sehen: Spätestens in dem Augenblick, da Sie reagieren, ist dieser Zusammenhang hergestellt. Denn je nachdem, *wie* Sie reagieren, schaffen Sie neues Karma – gutes oder schlechtes. Oft sind neue Möglichkeiten, wertvolle Erkenntnisse oder spannende Erfahrungen dabei nur ein oder zwei Entscheidungen entfernt.

Neben Instant- und Überraschungs-Karma gibt es auch bunte Mischungen aus beiden. Beispielsweise können Sie ganz bewusst im Halteverbot parken; wenn später dann der Strafzettel an der Scheibe hängt, ist die Folge von Ursache und Wirkung offensichtlich (Instant-Karma) – kein Grund also, auf die Politesse zu schimpfen. Gleichzeitig ist auch hier immer noch Überraschungs-Karma im Spiel, denn schließlich weiß niemand, ob die Politesse auch wirklich vorbeikommen wird …
Sie können das Ganze als karmisches Glücksspiel ansehen, das Sie genießen: ganz nach dem Motto »no risk – no fun«. Aber dann sollten Sie sich natürlich auch als guter Verlierer erweisen, wenn es Sie »erwischt«.

Das Leben ist keine To-do-Liste

Unser Alltag bewegt sich nur selten wie ein ruhiger Fluss. Meist überwiegt der Trubel: Geschäftstermine, Geburtstage, Wochenendeinkäufe, quengelnde Kinder, grippale Infekte, tropfende Wasserhähne … – für Abwechslung ist gesorgt. Und inmitten all dieser Hektik ist die Gefahr groß, sich selbst zu verlieren.

Je größer die Eile, desto größer ist die Wahrscheinlichkeit, dass wir unbewusst handeln – und uns somit immer tiefer in den Abwärtsstrudel schlechten Karmas hineinziehen lassen. Konkret spüren wir das dann beispielsweise an Stress- oder Burnout-Symptomen wie Schlafstörungen, Rückenschmerzen, Nervosität oder Erschöpfung.

◎ Das Leben ist keine To-do-Liste. Wer immer nur an den Nutzen denkt und dabei den Sinn aus den Augen verliert, verliert sich selbst.

Oft denken wir, dass es in unserem Leben vor allem darum geht, eine Pflicht nach der anderen »abzuhaken«. Nicht wir selbst, sondern eine nicht enden wollende To-do-Liste hat die Herrschaft über unsere Lebenszeit übernommen. Und da diese immer knapper wird, verlieren wir Kopf und Nerven.

Um über die bloße Organisation unseres Alltags zum tieferen Sinn zu finden, ist ein Bewusstseinswandel nötig. Es spricht nichts dagegen, seine Steuererklärung zu erledigen, seine Kinder von der Schule abzuholen und den Teppich zu saugen – aber es spricht viel dagegen, nur noch von einer Aufgabe zur nächsten zu hetzen. Um zum Wesentlichen zurückzukehren, ist es völlig ausreichend, sein Bewusstsein ganz und gar auf die jeweils anstehende Tätigkeit zu beschränken. Wenn wir Tee trinken, trinken wir Tee; wenn wir einkaufen, kaufen wir ein.

Schlechtes Karma entsteht erst, wenn Ihr Kopf Ihnen immer ein Stück vorauseilt. Lenken Sie Ihre Achtsamkeit daher besser niemals auf die To-do-Liste, sondern immer nur auf die einzelnen Punkte, die Sie im Hier und Jetzt erledigen.
Das gilt im übertragenen Sinne auch für das Autofahren. Im täglichen Verkehr fahren viele Menschen nicht so sehr an ihr Ziel als vielmehr aus der Haut. Auch hier liegt der Grund darin, dass der Kopf nicht im Hier und Jetzt (bei der roten Ampel) bleibt, sondern schon mindestens zwei Kreuzungen weiter ist.
Der buddhistische Meditationslehrer Thich Nhat Hanh schreibt:

»Bevor ich den Motor starte, weiß ich, wo ich hinfahren werde.
Das Auto und ich sind eins.
Fährt das Auto schnell, dann fahre auch ich schnell.«

Wer im Auto rast, ist auch innerlich in Eile. Wer sich im Alltag gehetzt fühlt, neigt dazu, unaufmerksam oder sogar aggressiv zu werden. Doch die Richtung, in die wir fahren, entscheidet über das Karma, das wir bekommen.
Inmitten des täglichen (Verkehrs-)Chaos die Ruhe zu bewahren – darin besteht die Kunst, die wir mitten im Alltag lernen können. Wer in den kleinen Dingen heiter und gesammelt bleibt, wird auch in Krisen gelassener reagieren. So gesehen ist Karma nicht nur eine Frage der richtigen Entscheidung, sondern auch Übungssache.

Kann denn Liebe Sünde sein?

»Du und ich: Wir sind eins. Ich kann dir nicht wehtun, ohne mich selbst zu verletzen.«

Mahatma Gandhi

Wahre Liebe kann niemals »Sünde« sein – und auch niemals schlechtes Karma hervorbringen. Was jedoch all die Dinge betrifft, die wir in der Partnerschaft denken, sagen und tun – so sieht es damit schon ganz anders aus. Auch wenn es aus Karma-Sicht so etwas wie »Sünde« gar nicht gibt, so hat es doch Konsequenzen, wenn wir unachtsam oder gar mit schlechten Absichten handeln. Und was für den Alltag und das Geschäftsleben gilt, gilt erst recht für die Partnerschaft. Hier wirken sich unbedachte Worte und Taten sogar besonders verhängnisvoll aus, denn was wir unserem Nächsten antun, tun wir uns selbst an.

Der Mensch, in den wir uns irgendwann einmal verliebt haben und mit dem wir immerhin einen Großteil unserer Lebenszeit verbringen, ist ein ganz besonderer Mensch. Wer sich verliebt, verspürt eine faszinierende Anziehung und hat oft das Gefühl, den anderen schon ewig zu kennen – ein Gefühl, das dann und wann mehr Wahrheit besitzt, als uns bewusst ist.

Inzwischen mag viel Zeit vergangen sein. Unser Partner mag uns schon längst nicht mehr als unser Seelenpartner, unsere »bessere Hälfte« erscheinen – und doch: In jeder Partnerschaft haben wir die Möglichkeit, unsere zweite Seelenhälfte zu finden, gebundene Energien zu befreien und unser Karma aufzulösen.

◎ In jeder Beziehung steckt die große Chance, sich gemeinsam weiterzuentwickeln, einander zu helfen und sich gegenseitig ein kostbares Geschenk zu machen: das Geschenk der Liebe.

In Beziehungen gibt es aber nicht nur Chancen, sondern auch Gefahren – beispielsweise die Gefahr, sich immer tiefer in alte Muster zu verstricken, statt diese aufzulösen. Vor allem aber ist »Beziehung« nicht gleich »Liebe«. Liebe ist das Ziel. Beziehung ist nur der Ausgangspunkt, den Sie nutzen können, um an das Ziel zu gelangen. Und dabei spielt es natürlich keine Rolle, ob Sie mit Ihrem Partner in einer wilden oder zahmen Ehe leben, ob Sie ihn nur als Lebensabschnittspartner oder für die »ewige Liebe« gewählt haben oder ob es sich um eine hetero- oder homosexuelle Beziehung handelt. Alle Partnerschaften folgen ähnlichen Gesetzmäßigkeiten.

Jede Partnerschaft ist ein »Karma-Spiegel«: Ob Sie es mit den Auswirkungen guten oder schlechten Karmas zu tun haben, können Sie in Ihrer Beziehung Tag für Tag und unmittelbar spüren:
Was erfahren Sie in den Augenblicken der Zweisamkeit?
Gegenseitigen Respekt, Wärme, Achtsamkeit, Verständnis, wechselseitige Unterstützung, Freude und Dankbarkeit?
Oder eher Ärger, Enttäuschung, Gereiztheit, Unzufriedenheit und Eifersucht?

Wer seinem Beziehungs-Karma auf die Spur kommt, erfährt viel über seine (Partnerschafts-)Probleme und kann oft auch erkennen, warum bestimmte Muster immer wieder auftauchen. Die erste Frage lautet daher: »Wo stehe ich? Wo genau liegen meine Probleme (die im Fall der Partnerschaft natürlich immer auch »unsere« Probleme sind)?

Der erste Schritt besteht darin, einen genaueren Blick auf die Dinge zu werfen, die uns in Liebesbeziehungen zu schaffen machen. Interessant sind dabei vor allem wiederkehrende Probleme, also Verhaltensmuster. Muster lassen sich leicht erkennen, wenn wir merken, dass wir immer wieder auf den gleichen Typ Mann/Frau hereinfallen. Oder dass wir uns unseren Partner nach dem immer gleichen »Beuteschema« suchen. Muster konfrontieren uns mit unserem spirituellen Thema und zeigen besonders deutlich, dass wir einige karmische Herausforderungen bisher nicht angenommen haben.

In Zweierbeziehungen sind die Wirkungen von Karma oft besonders gut sichtbar. Probleme in der Partnerschaft sind kein Zufall. Wenn Streitereien die gemeinsame Zeit vergiften, so ist das nicht Schicksal, sondern Karma:
Wenn Sie Ihren Partner ignorieren ... *dann* werden Sie ihn irgendwann vielleicht gar nicht mehr wahrnehmen, und die Folge ist, dass Sie sich einsam fühlen und nur noch nebeneinanderher leben werden.
Wenn Ihre Sichtweise von Kritik und Verachtung geprägt ist ... *dann* wird Ihr Partner eine Verteidigungshaltung einnehmen, blockieren oder sich immer mehr in sich selbst zurückziehen.
Wenn es Ihnen vor allem darum geht, Ihre Meinung durchzusetzen und Recht zu bekommen ... *dann* wird die Kommunikation in Ihrer Beziehung absterben und statt zu gegenseitigem Austausch kommt es zu Aggressionen oder Resignation.
Wenn Sie auf eine festgelegte Rollenverteilung bestehen ... *dann* beschneiden Sie Ihren Partner in seinen Möglichkeiten, neue Erfahrungen zu sammeln und sich zu entwickeln, und es ist sehr wahrscheinlich, dass er sich eines Tages dagegen auflehnen wird oder dass die Sache ziemlich langweilig wird.

Wenn Sie bereits von Ihren Eltern Beziehungsmuster erlernt haben, die von einem Mangel an Wärme, Berührung oder Respekt geprägt sind … *dann* ist es gut möglich, dass Sie diese Muster in Ihrer Beziehung weiterleben lassen.

Karma heißt, dass es für alle Schwierigkeiten, die Sie erfahren, eine Ursache gibt. Doch in vielen Fällen können Sie diese Ursache verändern. Und auf jeden Fall können Sie bewusst eine neue Richtung einschlagen und sich so Schritt für Schritt vom täglichen Beziehungsk(r)ampf verabschieden.

Natürlich sind Beziehungen nicht immer »nur wunderbar« oder »nur fürchterlich«. Mischungen sind die Regel. Doch wenn Sie nach karmischen Zusammenhängen suchen, sollten Sie Ihre Aufmerksamkeit genau auf die Bereiche richten, die regelmäßig zu Problemen führen.
Angenommen, es geht uns in unserer Beziehung darum, die Oberhand zu behalten und Macht auszuüben: Einerseits wird dies ständig zu Schwierigkeiten führen, da unser Partner sich das auf Dauer nicht gefallen lassen wird. Andererseits ist diese Einseitigkeit aber auch ein guter Spiegel für uns – sofern wir herausfinden, was hinter dem Wunsch, den anderen zu dominieren, eigentlich steckt. Wenn es uns wichtig ist, die Kontrolle zu bewahren, so verbirgt sich dahinter vielleicht die Angst vor der Eigenständigkeit unseres Partners.
Sobald wir dies erkannt haben (und nur dann), können wir dazu übergehen, belastendes Karma aufzulösen. So können wir uns etwa unserer Verlustangst stellen und uns darum bemühen, loszulassen und zu vertrauen.

◎ Anfangs ist Liebe ein Geschenk, das vom Himmel fällt. Doch wer die rosarote Brille abgesetzt hat, sollte erkennen, dass Liebe nicht von selbst wächst. Dann ist eine bewusste Entscheidung für den gemeinsamen Weg notwendig.

Sich für Liebe zu entscheiden bedeutet, sich gegen Ängste, Eifersucht, Kontrollzwang, Abstumpfung oder Routine zu entscheiden. Diese Entscheidung ist ungeheuer wichtig, denn sie betrifft nicht nur uns selbst, sondern auch den Partner, unsere Kinder und spätere Generationen (anders ausgedrückt: unser zukünftiges Karma).
Gelingt es einem Paar nicht, gemeinsam zu wachsen, so wird die Pflanze der Liebe mit der Zeit verdorren. Die Folgen sind Entfremdung und schließlich Trennung und Einsamkeit. Ob die Trennung äußerlich oder innerlich vollzogen wird, macht dabei keinen großen Unterschied.

Apropos »innere Trennung«: Wer seine Partnerschaft nutzen will, um Mitgefühl und Liebe zu entwickeln, sollte zunächst einmal die Entscheidung treffen, »im Karussell sitzen zu bleiben«.
Natürlich ist es legitim, sich nach besseren Bedingungen umzusehen – beispielsweise nach einem neuen Job oder einem neuen Partner zu suchen. Doch fast immer ist es wichtiger, sich seinen unerledigten Aufgaben in genau der Situation zu stellen, in der wir uns befinden. Wir lösen keine Probleme, indem wir vor ihnen weglaufen. Im Gegenteil: Unser Karma sorgt dafür, dass genau die gleichen Probleme, die die letzte Beziehung zerstört haben, in der nächsten wieder auftreten.

Mitgefühl und Achtsamkeit helfen dabei, karmische Verstrickungen in Liebesdingen aufzulösen. Seinem Partner gegenüber achtsam zu sein heißt, ihn von Tag zu Tag aufs Neue wahrzunehmen und ihn immer wieder neu zu entdecken. Indem wir uns unserem »Du« zuwenden, entwickeln wir Zuwendung und Aufmerksamkeit. Dann wird Zuhören auf einmal wichtiger, als auf seiner eigenen Meinung zu beharren – und Austausch wichtiger als Kampf.

Achtsamkeit tut nicht nur angeschlagenen, sondern auch »funktionierenden« Beziehungen gut, denn sie verfeinert die Wahrnehmung und das Verständnis (übrigens nicht nur für die Fehler des anderen, sondern auch für die eigenen).
Schlechtes Karma vermeiden wir, indem wir immer wieder darauf achten, was wir in unserer Partnerschaft *denken*, *sagen* und *tun*. Was steht dabei im Mittelpunkt: das Ich- oder das Wir-Gefühl? Welche Rollenspiele verhindern, dass wir in unserer Liebe offen und frei bleiben? Und in welchen Situationen treten sie immer wieder auf? Was können wir tun, um unseren Partner (oder auch unsere Kinder) liebevoller zu behandeln?

An seiner Beziehung zu arbeiten hat nichts damit zu tun, sich zu verbiegen oder auf Teufel komm raus zum »idealen Ehepartner« zu werden. Es geht lediglich darum, seine Aufmerksamkeit zu schärfen, herauszufinden, wo die Karma-Fallen stehen und sich bewusst für mehr Liebe und Offenheit zu entscheiden. Dann werden wir ganz von selbst damit beginnen, unser Gegenüber mit dem Herzen zu sehen und in ihm unsere, wenn auch nicht unbedingt bessere, so doch zumindest gleichwertige Hälfte erkennen.

Unser Partner ist der Mensch, der uns vom Universum »geschenkt« wurde, um mit ihm gemeinsam unser Karma in eine positive Richtung zu lenken. Die Aufgabe besteht dabei darin, miteinander verbunden statt aneinander gebunden zu sein. Die gesunde Balance zwischen Nähe und Freiheit spielt somit eine wesentliche Rolle.
Die Arbeit an der Partnerschaft ist immer in erster Linie auch Arbeit an sich selbst. Indem wir uns selbst aus schädlichen Kreisläufen befreien, ziehen wir auch den anderen nicht länger in die Tiefe.

Gutes Karma zeigt sich dadurch, dass unsere Beziehungen immer inniger und erfüllender werden. Unsere Liebe wächst – von der kleinen, egoistischen »Liebe« zu jener großen, weitherzigen Liebe, die nichts mehr fordert und von der es im ersten Korintherbrief (Paulus, 13,4–8) heißt: *Die Liebe ist langmütig, die Liebe ist gütig. Sie ist nicht eifersüchtig, sie prahlt nicht und bläht sich nicht auf. Sie handelt nicht unschicklich, sucht nicht ihren Vorteil, sie lässt sich nicht herausfordern und trägt das Böse nicht nach. Sie erträgt alles, hofft alles, hält an allem Stand. Die Liebe hört niemals auf.*

Karma-Yoga oder die Kunst, seinen Job zu lieben

Es gibt Dinge, Verhältnisse, Zustände und Berufsarten, gegen die der Mensch sich mit Händen und Füßen wehrt, wenn er hineingerät, und die er nachher ganz und gar für sich zugeschnitten findet, wenn er endlich drinsteckt.

Wilhelm Raabe

Unser Karma wird durch das, was wir denken und sagen – vor allem aber auch durch das, was wir *tun*, bestimmt. Kein Wunder also, dass die Idee, unsere ganz gewöhnliche Arbeit zu nutzen, um gutes Karma zu erzeugen, alles andere als neu ist. Schon vor über 2000 Jahren taucht sie in der *Bhagavadgita*, einer wichtigen heiligen Schrift der Hindus, unter dem Begriff *Karma-Yoga* auf.

Karma-Yoga ist nichts anderes als der »Yoga der Arbeit« oder der »Yoga der Tat«. Karma-Yoga bildet einen der vier Hauptwege der Yoga-Philosophie – und man muss dabei noch nicht einmal auf dem Kopf stehen, um Weisheit zu erlangen. Viel-

mehr geht es darum, »richtig«, und das heißt vor allem selbstlos zu arbeiten.
In der *Bhagavadgita*, in der der Gott Krishna den Helden Arjuna in die Geheimnisse des Karma-Yoga einweiht, liest sich das so: »*Gib auf das Begehren, Arjuna, und vollbringe deine Werke in Gelassenheit. Sei gleichmütig gegenüber Erfolg und Misserfolg.*«

Unser Job ist ein Karma-Klassiker: Die Ziele, die wir in der Arbeit verfolgen, wie auch die Probleme, die dabei auftreten, zeigen uns, ob wir auf dem richtigen Weg sind oder ob wir in der Falle sitzen. In diese Falle tappen wir gewöhnlich dann, wenn es uns weniger um den Apfelbaum als mehr um die Äpfel geht. Die Forderung des Karma-Yoga, »nicht auf die Früchte zu schielen« (oder in die heutige Sprache übersetzt: nicht ausschließlich Wert auf Profit zu legen), lädt uns dazu ein, unsere Motivation zu überprüfen.
Oft sind es fragwürdige Motive, die uns dazu bewegen, zur Arbeit zu gehen. So arbeiten die meisten Menschen einfach nur, weil sie Geld verdienen wollen oder weil es ihnen um Ansehen, Beförderungen oder irgendeine andere Form von Lob geht. All das sind ja keine schlechten Dinge. Wird die Arbeit jedoch ausschließlich als Mittel zum Zweck gesehen, hat dies aus karmischer Sicht gefährliche Folgen. Was unser Karma betrifft, so sollte es uns nämlich nicht so sehr um den Nutzen als vielmehr um den Sinn unseres Handelns gehen. Natürlich ist es schön, körbeweise Äpfel zu ernten; doch wenn es uns keine Freude bereitet, Apfelbäume zu pflanzen, sie zu pflegen und uns an der Schönheit ihres Wachstums zu erfreuen, wird die Ernte bestenfalls das Ergebnis langwieriger Mühen und Anstrengungen sein.

Für den, der auf das äußere Ziel fixiert ist, wird die Reise selbst oft unerträglich: Es geht viel zu langsam voran und ständig stellen sich einem Hindernisse in den Weg. Da geht es dann längst nicht mehr um Freude oder Genuss: Die Fahrt muss »durchgestanden« werden, um ans Ziel zu kommen. Und ebenso muss die Arbeit irgendwie »überstanden« werden, um ans Geld zu kommen.

◎ Genießen Sie die Früchte Ihrer Arbeit, aber fixieren Sie sich nicht darauf. Wer sich auf das Wesentliche – sein eigenes Tun – konzentriert, erkennt, dass die Früchte von selbst kommen. Es bringt nichts, an den Blättern zu zupfen ...

Karma-Yoga ist der Weg des selbstlosen Handelns. Es ist nicht leicht, zu arbeiten, wenn es einem nur um das Ergebnis geht, das in weiter Ferne ist. Jemandem zu helfen macht keine Freude, wenn man Dankbarkeit einfordert. Wer Gutes tut, ohne auf Lob, Ehre oder Anerkennung zu hoffen, hat innere Stärke. Er weiß (und spürt), dass sein Handeln die Belohnung in sich trägt.

In der Psychologie wird dieses Gefühl als *Flow* bezeichnet – es ist das lustbetonte, völlige Aufgehen in einer Tätigkeit. Dieser Zustand, der zunächst an Extremsportlern untersucht wurde, lässt sich auch bei alltäglichen Tätigkeiten erfahren. Das Tun um des Tuns willen, die spielerische Konzentration auf das eigene Handeln, die meditative Haltung, die wir auch mitten im Alltag einnehmen können – all das ist nichts anderes als angewandtes Karma-Yoga.

Sollte Ihnen Ihr Job zur Qual geworden sein, heißt das noch lange nicht, dass Sie alles hinwerfen müssen. In der Regel löst das überhaupt kein Problem. Meist ist es unvergleichlich sinnvoller, stattdessen seine Einstellung zu ändern: Hingabe, Gelassenheit und Konzentration auf das Wesentliche helfen dabei,

belastende Gefühle (und schlechtes Karma) aufzulösen und »Flow« zu erfahren.
Der Zustand des Flow fühlt sich dabei nicht nur angenehm an, sondern ist zugleich ein Heilmittel gegen viele Probleme im Job, wie Mobbing, Leistungsdruck, Hektik, Unterbezahlung oder mangelnde Anerkennung, um nur einige zu nennen.

Probleme im Beruf sind zwar nie angenehm (erst recht nicht, wenn wir es tagtäglich damit zu tun haben), doch wenigstens zwingen sie uns, innezuhalten und unsere Werte und Ziele zu überprüfen. Und so geben sie uns zuweilen den nötigen Schubs, den wir brauchen, um neue Wege einzuschlagen.
Karma-Yoga ist ein Weg, der besonders schnell ans Ziel führt. Nehmen wir zum Beispiel »Mobbing«. Die Art unseres Handeln hat unmittelbare Folgen auf unsere Arbeitsatmosphäre. Mit jedem Satz, den wir sagen, können wir Anerkennung ausdrücken oder für mehr Fairness sorgen. Und mit jedem Satz, den wir *nicht* sagen, können wir es verhindern, über Kollegen zu lästern und uns an Mobbingversuchen zu beteiligen.
Mobbing zerstört Vertrauen, Fairness, Respekt und die Chance, sich als Team auch menschlich weiterzuentwickeln.
Wer in seinen Mitarbeitern vor allem Konkurrenten sieht, begibt sich in gefährliche Strömungen, denn von der Konkurrenz zur Feindschaft ist es nur ein kleiner Schritt. Auf die Absicht, andere zu schädigen oder zu verletzen, folgt schlechtes Karma dann so sicher wie das Amen in der Kirche.

Doch was tun, wenn wir selber zum Opfer von Intrigen werden? Wenn wir in einem Betrieb mit Mobbing konfrontiert werden, kommt es wiederum einzig auf unsere *Reaktionen* an. Intrigantes Verhalten *ist* nicht Mobbing; erst die Reaktion auf das Verhalten macht es dazu. Manchmal helfen Freundlichkeit oder Hilfsbereitschaft. Manchmal ist die offene Aussprache das beste Mittel. Es gibt kein Patentrezept – doch das Wichtigste ist zu verstehen: Verzweiflung kommt nicht von außen, sondern von innen. Vor allem aber sollten wir es vermeiden, uns in eine destruktive Atmosphäre hineinziehen zu lassen – indem wir uns gar nicht erst an Klatsch, Lästerei oder am allgemeinen Gejammer über zu viel Arbeit, schlechte Bezahlung oder unfähige Chefs beteiligen.

◎ Karma-Yoga ist die Kunst, seine tägliche Arbeit als Weg zur Befreiung zu nutzen und sogar mitten im Büro gutes Karma zu sammeln.

Die Ruhe bewahren

Zeitdruck vergiftet die Arbeitsatmosphäre und erhöht die Fehlerquote. Inmitten von Chaos die Ruhe zu bewahren erfordert Stärke. Swami Vivekananda benutzte das Bild eines Kutschers, der in einem von sechs Pferden gezogenen Wagen sitzt. Der Wagen rast einen Berg hinunter. Was erfordert mehr Kraft? Den Wagen rasen zu lassen, oder die Pferde zu bändigen? Natürlich Letzteres: Doch wer sich nicht dazu entschließt und den Wagen stattdessen weiterrasen lässt, muss mit üblen Folgen rechnen. Nun können wir uns dem geforderten Zeitdruck natürlich nicht einfach entziehen. Aber wir können dem Druck keinen Gegendruck entgegensetzen und effektiv handeln, indem wir konzentriert einen Schritt nach dem anderen machen.

Immer nur ein Schritt

Neben dem Zeit- ist es auch der Leistungsdruck, der uns dazu führt, oberflächlich zu handeln, falsche Entscheidungen zu treffen und schlechtes Karma anzuhäufen. Das Gegenmittel ist einfach: Sie können ohnehin nicht zwei Dinge auf einmal tun. Erledigen Sie Ihre Aufgaben immer nur Schritt für Schritt. So stolpern Sie nicht und kommen sicher und am schnellsten ans Ziel. Zeit- und Leistungsdruck verführen uns zu unsinnigem Agieren – nicht zu effektiverem und schnellerem Handeln. Wenn wir dagegen einen Schritt nach dem anderen tun, arbeiten wir so effektiv wie es uns möglich ist. Wir dürfen uns nur nicht ablenken lassen – dann schaffen wir kein schlechtes Karma.

Sich nicht ablenken lassen

Die Konzentration auf Ihre jeweilige Aufgabe hilft Ihnen, den meditativen Zustand des Flow zu erreichen und mühelos zu arbeiten. Ablenkungen wie lange Telefonate, Internetsurfen, das Schüren der Gerüchteküche oder die Beschäftigung mit Unwesentlichem können mitunter entspannend oder attraktiv erscheinen – doch in der Regel zerstreuen sie nur den Geist und kosten viel Energie. Wenn wir unter großem Druck stehen, ist für Ablenkungen keine Zeit; und doch lenken wir uns selbst dann oft mit Sorgen ab: Bin ich schnell, gut, geschickt genug? All das führt uns weg vom Wesentlichen, verhindert, dass wir Flow erleben, und erzeugt schlechtes Karma.

Sich selbst nicht zu ernst nehmen

Es genügt also vollkommen, sich auf seinen Job zu konzentrieren. Sie können nicht zaubern (die anderen übrigens auch nicht!). Perfektionswahn entsteht, wenn man sich selbst zu ernst nimmt. Im *Wenzi*, einer alten taoistischen Schrift, heißt es: *»Miss den Zehntausend Dingen keine Bedeutung bei, und dein Herz wird nicht verwirrt sein.«* Versuchen Sie, die Arbeit als Spiel und nicht als Kampf zu sehen – und Sie werden erfolgreicher sein als die verbissenste Kampfmaschine.

Sinn bekommt die Arbeit vor allem dann, wenn es Ihnen gelingt, gemeinsam mit den Menschen, mit denen Sie zusammenarbeiten, eine Vision zu entwickeln. Dies führt uns zu einem zweiten Aspekt des Karma-Yoga:

◎ Nicht nur *wie* wir etwas tun, sondern auch *was* wir tun, macht einen Unterschied.

Wer im Job entspannt bleibt, freundlich zu seinen Kollegen ist und sich im Hier und Jetzt auf sein Tun konzentriert, erfüllt die besten Voraussetzungen, Probleme zu lösen und gutes Karma zu schaffen. Doch neben dem »Wie« spielt auch das »Was« eine große Rolle.

Jedes Tun zeitigt bestimmte Wirkungen. Und das gilt erst recht, wenn man etwas regelmäßig tut, wie es nun mal im Beruf der Fall ist. Daher macht es einen großen Unterschied, ob wir in einer Waffenfabrik oder im Flüchtlingshilfswerk arbeiten. Selbst wenn wir jeweils nur in der Buchführung tätig sind, kommt es doch darauf an, welche Werte wir durch unsere Arbeit unterstützen.

Die Einsicht, dass unser Wirken Folgen hat, setzt sich übrigens auch in der Wirtschaft durch. Ganz allmählich entsteht eine neue Firmenkultur, wie der neue Begriff »Karma-Kapitalismus« zeigt. Viele Unternehmen ersetzen das alte Motto »greed is good« (»Gier ist gut« – bei uns besser bekannt unter »Geiz ist geil«) durch »green is good« (»Grün ist gut«). Neben Wirtschaftlichkeit spielen soziale Verantwortung und Nachhaltigkeit bei der Entwicklung neuer Visionen eine immer größere Rolle.

Der »Raubtierkapitalismus« und die darin gedeihenden berüchtigten »Heuschrecken«, die ganze Gebiete überfallen, Ressourcen plündern, verheerende Arbeitsbedingungen schaffen und die Umwelt vergiften, schaffen übles Karma auf der ganzen Linie. Immer mehr Menschen erkennen die Zusammenhänge und spüren zumindest intuitiv, dass hier nichts Gutes entsteht. Die Verbraucher, die schließlich immer die Nahrungsquelle der »Raubtiere« und »Heuschrecken« sind, haben immer weniger Verständnis für dieses Verhalten – und so wird es für jedes Unternehmen immer wichtiger, Werte neu zu definieren. Im eigenen (profitorientierten) Interesse!

Hier sehen wir sehr genau, wie gutes Karma wirkt: Die Verbraucher, die sich gegen die Unterstützung unethischer Produkte entscheiden, schaffen gutes Karma. Und dieses Karma wirkt sich auf die Produzenten aus, obwohl diese erst einmal keine ethische, sondern lediglich eine materielle Entscheidung treffen!

Visionen, die auf eine bessere, menschlichere Welt zielen, sind heute notwendiger als je zuvor. Wir müssen nicht auf die Entscheidungsträger großer Konzerne bauen – unsere eigene Vision wird die Zukunft verändern.

Tag für Tag können wir auch in jedem noch so unscheinbaren Job für gutes Karma sorgen. Beispielsweise können wir bei unserer Arbeit Qualitäten wie Achtsamkeit, Kreativität, Wachstum, Zufriedenheit oder Dankbarkeit entwickeln. Und die wichtigste Entdeckung, die wir dabei machen dürften, ist, dass wir »zaubern« können! Allein durch unsere Einstellung können wir Pflicht in Freude, Jammern in Zufriedenheit und Hindernisse in Chancen verwandeln.

Sie können mitten im Job zu Glück und Freude finden. Sie können lernen, zu lieben, was Sie tun – ganz gleich, wie Ihre Aufgaben aussehen. Voraussetzung ist jedoch, dass Sie bewusst bei Ihrem Job bleiben, ohne innerlich oder äußerlich zu kündigen – auch wenn's manchmal schwerfällt. Doch indem Sie selbstlos handeln und nach dem Sinn, statt nach dem Gewinn suchen, finden Sie den Weg in die Freiheit:

Wer in sich ruht, nicht reichen Lohn erstrebt,
tritt in den höchsten Frieden ein –
doch wer nur nach den reifen Früchten giert,
kann sich vom Karma nie befrei'n.

Bhagavadgita V/12

SICHERHEITSHINWEISE

Es gibt Taten und Verhaltensweisen, die so offensichtlich schlechtes Karma nach sich ziehen, dass sich niemand einreden kann, es wäre anders. Keiner, der einer armen alten Rentnerin die Handtasche raubt, käme auf den Gedanken, er hätte eine gute Tat vollbracht – und sei er auch noch so verkommen. (Wenn er natürlich auch kaum auf den Gedanken kommt, dass er sein eigenes schlechtes Karma erschafft – selbst wenn er dessen Wirkung deutlich spürt: die Angst, ertappt zu werden, das Grauen vor dem Gefängnis, die dumpfe Unsicherheit, außerhalb der Gesellschaft zu stehen, die Unzufriedenheit, die ihn zu weiteren Missetaten treibt, die Selbstzweifel, die auch der abgebrühteste Ganove in einer stillen Stunde fühlt, vielleicht sogar die unerwartete Qual eines schlechten Gewissens.)
Wer religös, spirituell oder auch nur einfach ein netter Mensch ist, ist vor den offensichtlich schlechten Taten einigermaßen sicher – sein Geist ist frei von dem schlechten Karma, das das »große« Böse anzieht.

◎ Gefährlicher als das unübersehbar Böse sind für uns eher die kleinen Fallen des Alltags: die nahezu unbewussten Verhaltens- und Denkmuster, die unser Karma verunreinigen.

Im Kapitel »Wartung und Pflege« werden wir über viele kleine und große gute Entscheidungen sprechen, mit denen wir unser Karma befreien. Dabei werden auch die kleinen Fehlentscheidungen deutlich werden, die unser Karma belasten. Hier aber wollen wir zunächst auf ein paar Grundprinzipien hinweisen: auf jene Haltungen, die so »normal« sind, dass sie uns kaum bewusst werden, die aber nichtsdestotrotz schlechtes Karma bewirken. Schon wenn es »nur« gelingt, diese Kleinigkeiten in den Griff zu bekommen, sind wir auf dem Weg zur Befreiung.

Die karmischen Sicherheitshinweise beziehen sich auf zwei Bereiche: die Wünsche, die wir in unserer Seele stark werden lassen, denen wir damit Macht über uns geben und dabei vergessen, uns dem Universum anzuvertrauen; und die »drei Geistesgifte« – Gier, Zorn und Unwissenheit.

Vorsicht bei Bestellungen ans Universum!

Wenn wir uns ganz fest etwas wünschen, dann … passiert oft erst einmal nicht viel, wie Millionen enttäuschter Kinder am Heiligen Abend feststellen müssen, wenn schon wieder kein Pony oder fliegender Besen unterm Weihnachtsbaum liegen. Das starke Begehren erzeugt ein wenig schlechtes Karma, das sich dann in der Enttäuschung manifestiert.

Erwachsene sind oft etwas beharrlicher als Kinder. Die Wünsche, die sie mit sich herumtragen, durchdringen ihr ganzes Wesen. Und das, wovon der Geist erfüllt ist, versucht sich zu verwirklichen. Tatsächlich bekommen sie eventuell, was sie sich wünschen. Wenn sie in der Kunst des Wünschens fortgeschrittener sind, füllen ihre Wünsche nicht nur ihren Geist, sondern strahlen in die Welt aus – dann werden die Wünsche noch schneller Wirklichkeit. Sie geben »Bestellungen beim Universum« auf.

◎ Wünsche haben die Neigung, dass sie wahr werden können. Doch das Erträumte hält oft nicht, was die Einbildung verspricht. Und die Einbildung zeigt auch nicht, was sein könnte, sondern nur, was wir uns vorstellen können.

Ist es wirklich so großartig, das zu bekommen, was man sich wünscht? Vor allem, wenn man dann wirklich nur das Gewünschte, nicht aber das, was einem guttut, bekommt? Bestellungen ans Universum sind Zeichen des Anhaftens an das eigene Wünschen und an das blinde Vertrauen, dass man sich schon das »Richtige« wünschen wird. Doch beim Wünschen füttern wir lediglich unser Kleines Selbst und vergessen dabei, dass unser Wahres Selbst weit mehr ist (oder zumindest sein könnte), ließen wir es nur zu.
Zu unserem Wahren Selbst gelangen wir, sobald wir den Blick von unserem Kleinen Selbst, das in den selbst geschaffenen Ketten unserer Wünsche liegt, abwenden und damit beginnen, dem Universum zu vertrauen.
»Bestellungen« müssen wir dazu nicht versenden. Sie sind eher hinderlich. Denn von unseren naiven Bestellungen wissen wir nicht, wohin sie uns führen und was sie wirklich mit sich bringen. In Wahrheit haben wir nämlich meist nicht die geringste Ahnung, ob unsere Wünsche auch wirklich zu uns passen.
Schon Schuhe sollte man nicht im Versandhandel bestellen. Erst recht keine Menschen, Jobs oder Reichtümer. Freilich: Wir freuen uns wie kleine Kinder, wenn unsere oberflächli-

chen Begierden erfüllt werden. Aber mal ehrlich: Ist es wirklich so toll, ein Leben lang ein kleines Kind zu bleiben, das nach Bonbons schreit?

◎ Es ist weitaus besser, dem Universum zu vertrauen, anstatt immer nur zu wollen. »Gott«, der Urgrund, das Dao, der Kosmos ist doch schlauer als wir.

Was wissen wir darüber, was das Universum für uns bereithält? Gar nichts.
Da »bestellen« wir einen Parkplatz direkt vor dem Restaurant, in dem wir eine Besprechung haben – und tatsächlich: Just in dem Augenblick, da wir ankommen, wird ein Parkplatz vor der Tür frei. Wir freuen uns wie die Schneekönige. Und das, obwohl wir deshalb nicht den Parkplatz zwei Straßen weiter finden, beim Aussteigen nicht einem fast vergessenen Schulkameraden begegnen, nicht mit ihm in ein Gespräch kommen, das uns neue Horizonte eröffnet und so die Chance verpassen, die unser Leben von Grund auf verändert hätte …

Die »Drei Geistesgifte«

Als Buddha über die Folgen unserer Taten sprach (also wie sie sich auf unser Karma auswirken), nannte er verschiedene Aspekte:

◎ »Es gibt ein Wirken, das im Tierschoße reift; es gibt ein Wirken, das im Gespensterreiche reift; es gibt ein Wirken, das in der Menschenwelt reift …«

Das klingt für uns heutige Menschen ziemlich esoterisch, zumindest ein wenig seltsam. Doch wenn man es in die heutige Sprache überträgt, wird klar, dass eine tiefe »psychologische« Einsicht dahintersteht.

Das »Wirken, das im Tierschoße reift«, betrifft diejenigen unserer Handlungen, die unbewusst, instinktiv und triebgesteuert sind. Dabei denken wir vielleicht zunächst an Sex. Aber es betrifft all das, was uns unsere Triebe tun lassen. Das entsprechende »Geistesgift« ist die Gier. Das kann auch sexuelle Gier sein – aber alles, das wir triebhaft begehren, fällt darunter.

Das »Wirken, das im Gespensterreiche reift«, bezieht sich auf irrationale Gedankenbewegungen. Beispielsweise wenn wir aufgrund von Aberglauben, Wahnvorstellungen oder Illusionen handeln. All diesen Dingen ist ein Wirkzusammenhang gemeinsam: Sie erzeugen Ängste und diese wiederum Aggression, Zorn und Hass – das ist das zweite der »Geistesgifte«.

Das »Wirken, das in der Menschenwelt reift«, ist dasjenige, das von gesellschaftlichen Konventionen und Konditionierungen geprägt ist. Das damit zusammenhängende dritte »Geistesgift« ist die Unwissenheit.

Diese drei also, Gier, Zorn und Unwissenheit, sind die »Drei Geistesgifte«, von denen im Buddhismus häufig die Rede ist. Sie sind Gift für unsere Seele, sie vergiften unser Karma und führen zu Leid. Die drei Geistesgifte zu kennen ist ungeheuer wichtig – denn aus diesen drei entspringen so gut wie alle leidvollen, schlechtes Karma schaffenden Gedanken, Gefühle und Taten.

◎ Wenn man nur eine einzige Empfehlung geben dürfte, wie wir unser Karma reinigen und ein gutes Leben leben könnten, so sollte das sein: Hüte dich vor den drei Geistesgiften Gier, Zorn und Unwissenheit.

Könnten Sie diesen Rat jederzeit beherzigen – Sie würden kaum schlechtes Karma schaffen.

Im Folgenden wollen wir uns die drei Geistesgifte noch ein wenig genauer ansehen – sowie die Möglichkeiten, wie wir uns von ihnen befreien können.

»Ich will noch mehr« (Gier – Lobha)

Natürlich hat jeder von uns Wünsche. Vielleicht sogar solche, die uns sehr wichtig sind. Diese Herzenswünsche sind eine starke Motivation zum Handeln. Und das heißt: Sie erzeugen Karma.
Nicht notwendigerweise schlechtes Karma. Auch gutes: Wenn Sie sich sehr wünschen, Ihrem Leben mehr Sinn zu geben, etwas Schönes zu schaffen oder anderen beizustehen, entsteht gutes Karma – das dann die Verwirklichung dieses Wunsches durch Taten wahrscheinlicher macht.
Doch wenn die Wünsche um rein materielle Dinge und die Gedanken vornehmlich um das eigene Ich kreisen, entsteht ein Sog schlechten Karmas.

◎ Immer mehr haben wollen ist eine Sucht, die immer tiefer in den Strudel schlechten Karmas hineinführt. Solche Wünsche neigen dazu, sich selbst weiter zu verstärken und allmählich die gesamte Persönlichkeit unter ihre

Kontrolle zu bringen. Das starke Wünschen wird zur Gier, die Besitz von der Seele ergreift.

Gier ist Sucht. Wenn die Gier regiert, bestimmen animalische Triebe das Leben. Gier nach Sex, nach Macht, nach Geld, Ruhm oder Drogen – immer bewirkt sie schlechtes Karma. Durch Gier nimmt die Seele Schaden. Gier ist wie ein starker Strudel, gegen den anzukämpfen immer schwieriger wird und der einen langsam in die Tiefe zieht.

Am deutlichsten sieht man das vielleicht bei Drogenabhängigen. Hat die Sucht einen Menschen erst einmal im Griff, wird es sehr sehr schwer, sich daraus noch aus eigener Kraft zu befreien.

Beim Drogensüchtigen sieht jeder, wie sich die Gier auswirken kann. Jeder erkennt, wie sich schlechtes Karma verstärkt. (Auch wenn natürlich die meisten Menschen nicht von Karma sprechen – doch die fatalen Konsequenzen sind deutlich.) Erstaunlicherweise sind es aber dann meist die *Drogen*, die als das große Übel angesehen werden, nicht etwa die *Gier*. Daher wird vielen Menschen auch nicht deutlich, dass die Geldgier, die Gier nach Macht, die Gier nach Ruhm oder Sex ebenso schädlich sind, zumindest für die Seele.

Vielleicht sind diese Formen der Gier sogar schädlicher. Denn während nur eine Minderheit von Drogen abhängig ist und diese Gier gesellschaftlich geächtet wird, genießt die Gier nach Geld, Macht und Ruhm eine gewisse Anerkennung. Dennoch sind die Auswirkungen der Gier nicht weniger zerstörerisch als die Gier nach Drogen.

Der Hunger in der Welt, die Zerstörung der Umwelt, Unterdrückung und Ausbeutung von Kindern und viele Kriege gäbe es ohne Gier nicht. Gier führt im Gierigen zu innerer Unruhe und Getriebensein: Niemand, der gierig ist, fühlt sich dabei wirklich wohl. Und dennoch: Hat ihn die Gier im Griff, wird es schwierig, sich aus diesem Griff zu befreien. Gefühle, Verstand und Körper arbeiten »im Auftrag« der Begierde. Daher ist Gier eines der drei Geistesgifte, die sich verheerend auf unser Karma (aber nicht nur auf unser persönliches Karma) auswirken.

◎ Um das Gift der Gier zu vermeiden, ist der erste Schritt, sich darüber klar zu werden, dass Gier aus dem Wünschen geboren wird.

Beim Wünschen ist Vorsicht geboten: Sehen Sie sich Ihre Wünsche genau an. Stimmen Sie mit Ihrer Persönlichkeit überein? Wird Sie die Erfüllung Ihrer Wünsche wirklich weiterbringen, Sie glücklicher machen, Ihr Bedürfnis, das hinter dem Wunsch steht, tatsächlich erfüllen? Werden Sie, indem Sie diesen Wünschen nachgehen, eher gutes oder eher schlechtes Karma erzeugen?

Das beste Mittel, um dem Geistesgift der Gier vorzubeugen, ist ganz einfach: Achtsamkeit. Denn jeder von uns weiß ganz genau, was gut ist. Triebe, tief gefühlte Mängel, insbesondere der Mangel an Liebe, schlimme Erfahrungen in der Vergangenheit können die Gier wecken – doch wenn Sie achtsam in sich hineinhorchen, spüren Sie genau, dass das »immer mehr Wollen« Sie nicht weiterbringen wird. Und dann wird die Gier wie von selbst von Ihnen abfallen.

»Dem werd ich's zeigen« (Zorn – Dosa)

Dass Aggressionen schlechtes Karma bewirken, muss wohl nicht eingehend erklärt werden. Oder etwa doch? Trotz all der Erfahrungen der Menschheit mit Gewalt, trotz Millionen To-

ter und Verstümmelter in den Kriegen dieser Welt, trotz Shoa, trotz Gulags und Konzentrationslagern scheint Gewalt nicht abzunehmen. Terroristen töten Tausende Unschuldiger – und der Kampf gegen diesen Terror kostet noch weit mehr Unschuldige das Leben. Und selbst im Kleinen ist es so. Misshandelte Kinder werden nicht etwa zu besonders friedlichen Erwachsenen, sondern tragen das Karma weiter.
Jedem denkenden Menschen dürfte im Grunde klar sein, wie unsinnig Gewalt ist – sie schafft nur Gegenaggression und weiteres schlechtes Karma. Zorn und Hass führen zu Gewalt; Gewalt führt zu Zorn und Hass und Rachegelüsten. Ein ewiger Kreislauf der Gewalt entsteht.

◎ Natürlich werden immer »Gründe« dafür gefunden, warum Gewalt sein muss. Doch diese Gründe sind nur Konstrukte des Verstandes, der vom Geistesgift des Zorns vergiftet wurde.

Der andere, der »Feind«, der »Böse« hat etwas getan, das eine gewalttätige Reaktion erfordert: Der Zorn auf ihn ist ein »gerechter Zorn«.
Freilich denkt der andere dasselbe. Auch er hält seinen Zorn und dann seine Aggression für »gerecht«. Auch er hält sein gewalttätiges Handeln für notwendig, sinnvoll und gut.
Das gilt im Großen wie im Kleinen: Auch Eltern, die ihre Kinder schlagen, auch gewalttätige Männer, die ihre Frauen misshandeln, auch der jugendliche Schläger in der U-Bahn – sie alle können Gründe anführen. Doch keiner dieser Gründe ist die Ursache der Gewalt. Es ist immer der Zorn, der aus der Tiefe des Unbewussten aufsteigt.

◎ Jede Regung des Zornes schafft schlechtes Karma. Es gibt keinen »gerechten Zorn«. Wir müssen dazu gar nicht die einzelne Situation kennen. Zorn ist eines der drei Geistesgifte: Er kann niemals Gutes bewirken.

Um das Geistesgift des Zorns zu überwinden, sollten wir damit beginnen, den Frieden in uns selbst zu suchen. Wenn schon in uns selbst Unruhe herrscht, wenn wir mit uns selbst kämpfen, wenn wir uns selbst Gewalt antun, wenn unsere Gedanken und Gefühle gegeneinander streiten – wie sollen wir dann nicht auf äußere Dinge Zorn empfinden, der zu Aggression führt und unser Karma vergiftet?
Der Weg zu innerem Frieden ist Meditation.
Ist kein Zorn in uns, gegen uns selbst, wird es uns schon viel leichter fallen, dieses gute Karma wachsen zu lassen. Wir können unsere Kinder ohne Gewalt groß werden lassen. Wir können fremden Menschen offen und friedfertig begegnen. Wir können andere, auch wenn sie nicht unserer Meinung sind, respektieren, ohne sie in ihrer Würde zu verletzen.

Zorn führt zu Aggression. Aggression führt zu Zorn. Es entsteht ein unsinniger Kreislauf schlechten Karmas.
Jedes Mal, wenn dieser Kreislauf unterbrochen wird, jedes Mal, wenn Sie Zorn spüren und dann innehalten, um die Wurzel des Zornes in sich selbst zu erkunden, schaffen Sie starkes, gutes Karma, das sich verbreitet. Denn nicht nur führt Zorn zu einem Kreislauf des Hasses und der Gewalt, sondern ebenso Nicht-Zorn zu einem Kreislauf der Einsicht und des Friedens.

»Die anderen sind schuld« (Unwissenheit – Moha)

Von den drei Geistesgiften wird die Unwissenheit am meisten unterschätzt, nach dem Motto »Wissen ist Macht – Nichtwissen macht auch nichts.« Doch dieser flapsige Spruch ist weder in der Schule noch sonst im Leben wirklich hilfreich. Denn Unwissenheit zieht schlechtes Karma an.

Dass Unwissenheit schädlich ist, heißt nun nicht etwa, dass Sie jetzt anfangen sollten, ein Lexikon auswendig zu lernen oder dass Sie die indische Sanskritliteratur über Karma studieren müssen, um Ihr Karma zu verbessern. Es geht ja nicht um Faktenwissen.

Auch bedeutet die Definition des indischen Gelehrten Patanjali (der Verfasser der *Yoga-Sutras*) »Unwissenheit ist Irrtum über die Grundlage der Erscheinungen« keineswegs, dass wir uns nun intensiv mit Atom- und Quantenphysik befassen sollten. Das Wissen, das die Unwissenheit überwindet, kommt nicht von außen, sondern von innen. Begegnen wir in unserem Leben Problemen und Schwierigkeiten, besteht der »Irrtum über die Grundlage der Erscheinungen« darin, dass wir die Ursachen im Außen suchen und nicht in uns selbst.

◎ Jeder versucht jedem und allem Schuld zuzuweisen und vernachlässigt dabei die Suche nach den inneren Ursachen – ein endloser Kreislauf schlechten Karmas.

In der Tat ist Unwissenheit die Hauptursache für schlechtes Karma. Und diese Art von Unwissenheit ist heute verbreiteter denn je. In unserer Gesellschaft lernen wir nicht, uns selbst als die Quelle von Problemen zu sehen, sondern uns immer auf das Außen, das Manipulierbare zu konzentrieren.

Buddha beschrieb das Grundgesetz der Unwissenheit so: »Das Wesentliche mit dem Unwesentlichen verwechseln. Das Unwahre mit dem Wahren.«
Was aber ist das Wesentliche? Oder noch schwieriger: Was ist das Wahre? Indem wir diese Fragen stellen, bewegen wir uns bereits weg vom Wesentlichen, weg vom Wahren.
Nun können wir sicherlich lange darüber diskutieren, was wesentlich und was wahr ist – das sind interessante Gedankengänge. Vielleicht können wir sogar zu dem philosophischen Schluss gelangen, dass es beides nicht gäbe.
Doch die Unwissenheit, von der Patanjali und Buddha sprachen, die Unwissenheit, die wir hier meinen, ist nicht durch Logik und Analytik in den Griff zu bekommen. Sicherlich: Wahr kann für uns nur sein, was wir für wahr halten. Doch es geht ja gar nicht um »Fakten«. Wenn wir unsere Aufmerksamkeit mehr auf Aktienkurse als auf Menschen richten, wenn wir anderen Leid zufügen, wenn wir unsere Seele vernachlässigen, wenn wir versäumen, unser Potenzial zu verwirklichen – dann benötigen wir keine logische Analyse und keine wissenschaftliche Untersuchung, um zu erkennen, dass wir am Wesentlichen vorbeigehen und dass wir dem Unwahren Raum geben. Wir finden in uns eine Gewissheit, die vollkommen klar ist – sofern wir uns für die Stimme unseres Herzens, unserer Seele, unseres Gewissens öffnen.

◎ Unwissenheit entsteht, wenn wir unser Herz, unsere Seele, unser Gewissen verschließen und unsere Quelle innerer Weisheit versiegen lassen.

Dies ist die Unwissenheit, die das stärkste der drei Geistesgifte ist. Ohne das Geistesgift der Unwissenheit finden weder Gier noch Zorn Raum, sich zu entfalten.

WARTUNG UND PFLEGE

Gutes Karma zu sammeln und sich von schlechtem Karma zu befreien ist zum größten Teil Gewohnheit. Das Denken, Fühlen und Tun, das schlechtes Karma bewirkt, ist ebenfalls Gewohnheit. Damit wir unsere schlechten Gewohnheiten verändern und durch gute ersetzen, müssen wir die Aufmerksamkeit auf das richten, was wir tun. Dann können wir gute Entscheidungen treffen.

Es gibt allerdings so viel, was in uns und um uns herum vorgeht, dass es wirklich ganz schön schwierig sein kann, festzustellen, worauf wir denn nun achten sollen und was eine »gute Entscheidung« ist.

In diesem Abschnitt wollen wir Ihnen dabei eine kleine Hilfe an die Hand geben.

Die Karma-Anwendungen

Durch beständiges Üben verändern wir schlechte Gewohnheiten und verbessern unser Karma. Je mehr es uns gelingt, gutes Karma zu kultivieren, desto weniger Einfluss wird schlechtes Karma haben – bis es schließlich unwirksam wird.

Wenn Sie Bedenken haben, dass Ihnen nun strenge Pflichten auferlegt werden oder dass Sie leiden müssten, um sich gutes Karma »zu verdienen« – vergessen Sie das am besten ganz schnell! Wir sind es leider gewohnt, in Begriffen wie »Schuld«, »Lohn«, »Strafe«, »Vergeltung« zu denken. Das alles liegt jedoch daneben. Das Karma ist kein Richter, der Sie streng begutachtet und dann frei oder schuldig spricht. Karma ist einfach das Gesetz von Ursache und Wirkung im Geistigen – nicht mehr (aber auch nicht weniger).

»Böse Taten« werden nicht bestraft. »Gute Taten« werden nicht belohnt. Alles, was Sie tun, trägt seinen »Lohn« in sich. Es ist also nicht nur so, dass Ihnen keine »Pflichten« auferlegt werden – ganz im Gegenteil: Sie erfahren, wie Sie mehr Freuden erleben können!
Es ist ein Spiel nach den Spielregeln des Kosmos, das wir alle spielen.
Damit Sie mit dem Spiel besser zurechtkommen, stellen wir Ihnen die wichtigsten Karma-Anwendungen vor – Möglichkeiten, wie Sie zu guten Entscheidungen finden und gutes Karma aktivieren.

Der Angst ins Gesicht schauen

Angst zeigt Ihnen, woran Sie »hängen«. Und das bedeutet einerseits, dass Karma wirkt, andererseits aber auch, dass ständig neues entsteht. Starke Gefühle erzeugen starkes Karma – ob im Guten oder im Schlechten. Angst bewirkt jedoch fast immer schlechtes Karma. Angst lässt uns Dinge tun, die wir sonst nie täten. Meistens solche, die unser Leben leidvoller machen. Im

Extremfall, wenn Ihr Leben bedroht wird, spüren Sie am deutlichsten, wie sehr Sie an Ihrem Leben hängen. Und wahrscheinlich würden Sie wirklich *alles* tun, um zu überleben.

◎ Im Grunde ist Angst nur ein ganz natürlicher Überlebensmechanismus, ohne den wir in dieser Welt gar nicht bestehen könnten – doch leider macht dieser Mechanismus sich leicht selbstständig.

Zunächst haben wir es bei der Angst also einfach nur mit einer automatischen körperlichen Reaktion zu tun: Der Körper geht in Alarmstellung. Der Herzschlag beschleunigt sich, die Muskeln werden besser durchblutet, der Atem wird schneller – wir sind bereit zu Kampf oder Flucht. Diese körperliche Angstreaktion ist sinnvoll; sie sicherte den frühen Menschen Tag für Tag ihr Überleben.
Heute gibt es zwar kaum noch lebensbedrohliche Situationen, doch manchmal müssen wir trotzdem noch blitzschnell reagieren – beispielsweise im Straßenverkehr. Erstaunlicherweise nehmen wir die Angstreaktion aber gar nicht als Angst wahr, sobald sie eine sinnvolle Funktion erfüllt. Und dabei entsteht auch kein neues Karma.
Wenn Angstzustände jedoch in Situationen auftreten, in denen sie überhaupt keine Funktion mehr haben, wird es bedenklich: Wenn Sie Angst haben, Ihren Arbeitsplatz zu verlieren, wenn Sie Angst haben, dass Ihr Partner Sie verlässt, wenn Sie fürchten, dass ein geliebter Mensch einen Unfall hat, scheint die Angst irgendwie berechtigt. Immerhin *könnte* ja etwas passieren. Helfen wird Ihnen die Angst hierbei trotzdem nie.
Manchmal macht sich Angst aber auch völlig selbstständig. Dann haben Sie vielleicht Angst vor einer kleinen Spinne, davor, fremden Menschen zu begegnen, in den Keller zu gehen, einen Aufzug oder die U-Bahn zu benutzen. Doch auch wenn

Ihnen dabei klar wird, dass Ihre Angst keinerlei Nutzen hat, wird sie deshalb kein bisschen kleiner. Das schlechte Karma, das durch die Angst erzeugt wurde, zeigt jetzt seine unmittelbaren Wirkungen.
Allen Ängsten liegt die natürliche Angstreaktion zugrunde. Doch das *Gefühl*, Angst zu haben, entsteht erst, wenn Sie beginnen, der Angstreaktion Raum in Ihrem Geist zu geben. Vor allem, wenn wir uns in die Angst hineinsteigern, erzeugen wir schlechtes Karma, da wir so unser Denken, Fühlen und Handeln belasten.
Für jede Angst, die Sie ausstehen, wird Ihr Denken einen »vernünftigen Grund« finden. (Dummerweise wird aber kein vernünftiger Grund Ihre Furcht vertreiben.) Angst ist ein Muster: Es ist das Festhalten an der Enge. Angst ist das Gegenteil von Freiheit – sie bindet all Ihre Energie.

Leider sorgt Angst darüber hinaus dafür, dass das Befürchtete eher eintritt. Dieses Prinzip nennen Psychologen *selbsterfüllende Prophezeiung*.

◎ Jeder Gedanke an besorgniserregende Situationen aktiviert schlechtes Karma. Das wiederum begünstigt, dass unsere geistigen und seelischen Kräfte versuchen, genau diese Situation herbeizuführen. Ängstliche Gedanken und Gefühle führen dazu, dass das, was wir uns vorgestellt haben, schließlich Wirklichkeit wird.

Je mehr wir versuchen, Angst zu vermeiden, desto mehr breitet sie sich aus. Schlechtes Karma wirkt wie ein Strudel, der uns in die Tiefe zieht: Stecken wir erst einmal darin, werden immer mehr Bereiche unseres Lebens aufgesogen.
Vielleicht kennen Sie das: Sie haben Angst um Ihren Partner, der gerade mit dem Auto unterwegs ist. Sobald diese Angst in

Ihrem Bewusstsein Raum bekommt, greift sie immer weiter um sich. Die Zeit vergeht und ein Schreckensszenario nach dem anderen erscheint vor Ihrem inneren Auge. Ihre Unruhe wächst, Sie können nicht mehr einschlafen und irgendwann sind Sie sich fast sicher, dass etwas passiert sein muss.

Ängste sind unangenehm. Kein Wunder also, dass wir Strategien entwickeln, um sie loszuwerden. Doch fast alle »natürlichen« Strategien sind lediglich Auswirkungen des schlechten Karmas, das durch die Angst entstanden ist. Sie führen uns nicht aus der Angst, sondern immer weiter in die Tiefe.
Die häufigste Strategie gegen Angst ist *Flucht* (oder *Vermeiden*). Wenn Sie Angst vor dem Keller haben, können Sie vermeiden, in den Keller zu gehen. Solange Sie nicht hinunter müssen, haben Sie keine Angst. Doch die Angst löst sich deshalb nicht auf, denn Sie müssen ständig daran denken, *bloß nicht* in den Keller zu gehen.
Anstatt zu flüchten, versuchen Sie vielleicht auch, Ihrer Angst durch *Hilfsmittel und Ablenkungen* zu entkommen. Beispielsweise rauchen oder reden Sie pausenlos, wenn Sie sich bedroht fühlen. Und richtig: Die Angst ist in diesen Momenten weniger zu spüren. Aber natürlich wird die Angst dabei nur aus dem Bewusstsein verdrängt – sie wirkt im Unterbewussten fort und erzeugt dabei weiterhin schlechtes Karma.
Rationalisieren ist nicht nur unwirksam, sondern erhöht die Angst leider sogar noch. Da die Gedanken der Wirkung des schlechten Karma unterworfen sind, wird durch das Denken lediglich eine *Wiederholung negativer Vorstellungen* abgespult. Das Unglück, das Sie sich ausmalen, wird immer bedrohlicher – denn das Problem ist, dass Vorstellungen eng an Gefühle, Gedanken und körperliche Reaktionen gebunden sind. Je öfter die Vorstellung in den Gedanken auftaucht, um sie »rational zu analysieren«, desto stärker wird die Verbindung von Angst und Vorstellung.

Jede »Anti-Angst-Strategie« führt dazu, dass die Angst im ersten Augenblick ein wenig nachlässt. Da unser Unterbewusstsein das als Erfolg wertet, gewöhnt man sich schnell an die jeweilige Strategie. Doch leider ist der Erfolg trügerisch. Strategien stärken nur die Illusion, dass die Angst unvermeidlich, die Strategie notwendig und Kontrolle machbar wäre.
Machen Sie sich klar, dass all die Gedanken, wie Sie mit der Angst umgehen können, von dem Karma, das durch die Angst bewirkt wurde, beeinflusst sind. Keine noch so ausgeklügelte Strategie kann daher schlechtes Karma in gutes verzaubern. Keine Ablenkung hilft dauerhaft. Die einzige Möglichkeit, seine Angst zu überwinden, besteht darin, ihr mit Mut entgegenzutreten.

◎ **Es gibt keine Angst, die Sie nicht besiegen können. Auch wenn es manchmal unmöglich scheint, vergeht doch jede Angst, sobald man ihr einmal die Stirn bietet.**

Die natürliche Angstreaktion ist ein einfacher Mechanismus. Er läuft immer in drei klar voneinander unterscheidbaren Phasen ab. Und dann ist die Angst wieder weg. Die *erste Phase* ist die Alarmreaktion, bei der der Körper aktiviert wird. Spätestens nach einer halben Stunde kommt es zur *zweiten Phase*, der Anpassungsreaktion, bei der Stresshormone abgebaut werden. Die *dritte Phase* ist die Erschöpfungsreaktion, bei der Sie sich müde und abgeschlagen fühlen. Wenn Sie die Angst durch diese drei Phasen beobachtend begleiten, ohne irgendwelche Strategien anzuwenden, verschwindet sie ganz von selbst.
Angst zu überwinden ist also zugleich sehr einfach und sehr schwierig. Sie müssen nur bei der Angst bleiben – ohne zu fliehen, ohne sich abzulenken. Mit anderen Worten: Sie müssen Ihr Karma annehmen. Entscheiden Sie sich für Mut. Tre-

ten Sie Ängsten, die versuchen, von Ihnen Besitz zu ergreifen, ohne Zögern entgegen: Nur so können Sie Ihr Karma und sich selbst befreien.

Niemals ärgern, nur wundern

Es gibt viel, über das man sich ärgern kann, nicht wahr? Den Nachbarn, den Chef, die Kinder, Ärzte, Politiker, Autofahrer … Eigentlich gibt es mehr Dinge, über die wir uns aufregen können, als Dinge, die uns unberührt lassen. Doch jedes Mal, wenn Sie sich ärgern, schaden Sie Ihrem Wohlbefinden – und bewirken schlechtes Karma: Jeder Ärger verstärkt negative Gedanken- und Gefühlsmuster und zeigt sich auch im Handeln. Selbst wenn dieses »Handeln« nur darin besteht, ein unfreundliches Gesicht zu ziehen.

◎ Karmisch gesehen ist Ärger besonders gefährlich – denn Ärger zieht Wut nach sich, Wut Aggression und Aggression Gegenaggression. Streit und Gewalt sind dann Tür und Tor geöffnet.

Es ist gar nicht so einfach, sich überhaupt nicht mehr zu ärgern. Das Gefühl steigt einfach in uns auf. Und vielleicht denken wir, dass es ja gar nicht so schlecht ist, »Dampf abzulassen«. Doch leider verstärkt sich das negative Karma dadurch, denn die Vorstellung, dass wir Dampf ablassen können und dann weniger Druck verspüren, ist eine Illusion: Wir sind nun einmal keine Dampfmaschinen.

Natürlich bringt es auch nichts, seinen Ärger einfach nur zu unterdrücken. Falls das überhaupt gelingt, wird die Gereiztheit dadurch nicht verschwinden. Ihr Karma befreien Sie auf diese Weise nicht, denn dummerweise entsteht schon in dem Augenblick belastendes Karma, in dem Sie in die Spirale des Ärgers hineingeraten. Ob Sie dem Ärger nun freien Lauf lassen oder ihn mit Willenskraft unterdrücken, macht dann schon keinen großen Unterschied mehr.

Ihre an den Ärger gebundenen Energien können Sie nur befreien, wenn Sie sich restlos von dem Muster lösen, auf Unannehmlichkeiten mit Verärgerung zu reagieren.

Leider sind wir meist vollkommen davon überzeugt, dass wir ja gar nicht bestimmen können, ob wir uns ärgern – schließlich sind es ja andere Menschen oder Situationen, die uns wütend machen. Doch seltsam: Eigentlich sagen wir doch, dass man *sich* ärgert oder dass *wir uns* ärgern …

Zwar hat der Ärger einen äußeren Auslöser, doch damit wirklich Ärger entsteht, müssen wir etwas »dafür tun«: Wir müssen den äußeren Auslöser als Angriff empfinden. Oder anders gesagt:

◎ Nur indem wir etwas auf eine bestimmte Art und Weise »interpretieren« (beispielsweise als Beleidigung auffassen), ärgern *wir uns*.

Glauben Sie jetzt nur nicht, dass Sie deshalb »schuld« an Ihrem Ärger wären. Sie folgen dabei bloß Mustern, die schon seit der Steinzeit für Unheil sorgen. Es gibt tatsächlich viele Gründe, verstimmt zu reagieren. Doch letztlich haben sie alle mit schlechtem Karma zu tun (ein Psychologe würde sagen: mit schlechten Erfahrungen). Wichtig ist jetzt zu erkennen, dass Sie jederzeit etwas gegen Ihre Verärgerung tun können und dass nichts und niemand Sie ärgern kann – außer Sie selbst. Und um das zu erfahren, müssen Sie »nur« eines tun: Sie müssen Ihre Wahrnehmung verändern.

Machen Sie sich zunächst einmal völlig bewusst, wann genau Sie sich ärgern. Sie ärgern sich über einen unfreundlichen Verkäufer? Darüber, dass Ihnen jemand den Parkplatz vor der Nase weggeschnappt hat oder dass Sie keinen finden? Oder darüber, dass Sie schon wieder nicht im Lotto gewonnen haben?
Sehen Sie genau hin, wodurch Sie gereizt werden. Sie werden feststellen, dass Ärger immer mit einem »Angriff« verbunden ist. Keine Angriffe mit dem Hackebeil (da hätten Sie ja gar keine Zeit, sich zu ärgern), sondern Angriffe auf Ihr Inneres – auf Ihre Werte, Ihre Vorstellungen, Ihr Selbstbild.
Vielleicht reagieren Sie zum Beispiel genervt, wenn es im Berufsverkehr nicht vorangeht: Sie fühlen sich in Ihrer Bewegungsfreiheit und Ihrem Wunsch, schnell zu Ihrem Ziel zu gelangen, angegriffen. Kommt dann noch ein Gefühl der Hilflosigkeit dazu (Sie können nichts dagegen tun), verstärkt das den Ärger noch weiter.
Aber können Sie wirklich *gar nichts* tun? Sind Sie dem Ärger *völlig* ausgeliefert? Glücklicherweise nicht! Anstatt durch Ihren Ärger giftiges Karma zu erzeugen, können Sie dazu übergehen, alte Gefühlsmuster zu durchbrechen.

Immer wenn Sie sich ärgern, ist schlechtes Karma am Werk, das sich fortpflanzen will. Ihre Gefühle und Gedanken laufen dabei auf eingefahrenen Bahnen. Es ist wie mit einem Pfad durch den Dschungel: Je öfter er benutzt wird, desto breiter und komfortabler wird er und desto größer ist die Wahrscheinlichkeit, dass er wieder benutzt wird. Je häufiger schlechtes Karma Ärger erzeugt, desto häufiger wird der Ärger auch in Zukunft auftreten. Das karmische Gesetz von Ursache und Wirkung hält das Rad des Unheils in Bewegung.

Neurologische Untersuchungen zeigen, dass unsere Nervenbahnen Trampelpfaden im Urwald gleichen: Je *häufiger* Nervenverbindungen aktiviert werden, desto *leichter* werden sie auch aktiviert!

Wenn Sie sich oft ärgern, sorgt Ihr schlechtes Karma dafür, dass Sie sich auch immer leichter ärgern. Doch selbst wenn Sie den Ärger unterdrücken, ist schlechtes Karma aktiv: Lassen Sie dem Ärger freien Lauf, so verbreitern Sie den Pfad, der zu Ärger führt; unterdrücken Sie jedoch den Ärger, verbreitern Sie den Pfad, der zu inneren Spannungen und Bauchschmerzen führt. Um Ihr Karma zu befreien, müssen Sie daher ganz neue Wege gehen.

◎ Der Pfad, der vom Ärger wegführt, ist der Pfad der Gelassenheit. Je öfter Sie ihn beschreiten, desto breiter wird er und desto öfter werden Sie auf Angriffe mit Gelassenheit reagieren. Dabei wird Ihr Karma befreit, was sich sehr erleichternd anfühlt.

Gerade anfangs bedarf es einer gewissen Achtsamkeit. Ärgern Sie sich nicht, wenn Sie sich trotz aller Bemühungen dann und wann dennoch ärgern. Es kann gar nicht anders sein, als dass Sie zunächst immer wieder auf den gewohnten Pfad wechseln. Doch mit der Zeit funktioniert es immer besser, Ruhe zu bewahren und zu erkennen, dass niemand seinem schlechten Karma ausgeliefert ist.

Sie können sich selbst »ermächtigen«! Sobald auch nur ein Anflug von Verärgerung in Ihnen aufsteigt, schlagen Sie sofort den neuen Pfad der Gelassenheit ein – und werden sofort spüren, wie sich gutes Karma auswirkt.

Den Pfad der Gelassenheit einzuschlagen ist gar nicht so schwer: Verändern Sie Ihre Haltung, indem Sie aufhören, sich mit dem Ärger zu identifizieren. Bleiben Sie nicht *in* dem Gefühl des Ärgers. Anstatt *sich zu ärgern* beginnen Sie damit, sich neugierig zu beobachten und zu staunen: »Aha, das ist also das Gefühl ›Ärger‹ – das fühlt sich merkwürdig an.« Sofort werden

Sie spüren, dass das Staunen viel weniger Identifikation (Karma) mit sich bringt als das Ärgern.
Es drängelt sich jemand in »Ihre« Parklücke? Sie spüren, wie Sie Ihre Schultern hochziehen? Doch anstatt jetzt in den Ärger einzusteigen, steigen Sie aus: Beobachten Sie Ihre Reaktionen amüsiert. Gehen Sie auf Abstand. Lachen Sie darüber, wie oft Banalitäten schon ausreichen, um schlechtes Karma in Bewegung zu bringen. Und dabei ist doch allen klar, dass uns der Ärger keinerlei Vorteil bringt, oder?

◎ Wer sich über unfreundliche Menschen nicht ärgert, sondern nur wundert, bringt Humor ins Spiel – und nichts befreit gebundene Karma-Energie besser als Humor.

Treffen Sie die richtige Entscheidung: Vermehren Sie entweder Ihr schlechtes Karma, indem Sie bei jeder sich bietenden Gelegenheit Gift und Galle spucken und dafür sorgen, dass Sie sich jetzt und später unwohl fühlen; oder aber befreien Sie Ihr schlechtes Karma, indem Sie loslassen und über all das, über das *Sie sich* ärgerten, zu schmunzeln beginnen.
Je öfter Sie die Erfahrung machen, dass Sie es tatsächlich in der Hand haben, welches Karma Sie sich schaffen, desto leichter wird Ihnen die Entscheidung fallen.

Halb so viel tut's auch

Gier bindet Energie – negatives Karma entsteht und entfaltet seine Wirkung. Gier ist eine starke Absicht, die zur Tat drängt und Unheil zur Folge hat (und seien es nur ein paar Kilo Übergewicht oder der Kater am nächsten Morgen). Gier ist das

Gegenteil von Kreativität. Wo nichts geschaffen wird, wird das Bedürfnis zu *haben* besonders stark.
Andererseits: Wer von uns wünschte sich nicht alles Mögliche? Bestimmt haben auch Sie einige erfüllbare und wohl auch unerfüllbare Wünsche. Eine kleine Villa am See, ein teures Auto, oder am besten gleich den Jackpot im Lotto … das käme vermutlich jedem recht. Dass wir uns gern ausmalen, was wir alles für schöne Dinge, Eigenschaften, Fähigkeiten oder Zustände haben könnten, ist völlig natürlich. Auch sind Wünsche oder Tagträume nicht automatisch schlecht – sie können die Fantasie beflügeln. Ob dabei schlechtes Karma entsteht, hängt einzig davon ab, wie sehr wir an Dingen, von denen wir träumen, tatsächlich *hängen*.

◎ Genießen Sie Ihre Tagträume? Heben sie Ihre Stimmung und motivieren sie Sie? Dann ist das kein Problem für Ihr Karma. Doch wenn Sie gierig nach den Dingen werden, die Sie sich vorstellen, und immer mehr und mehr haben wollen, schaffen Sie einen Strudel negativen Karmas.

Natürlich sind Ziele (und damit Wünsche) wichtig. Doch das gilt nur für Ziele, die aus unserem Herzen kommen. Und leider ist die Stimme, die aus dem Herzen kommt, mitunter sehr leise. Die Stimme, die aus dem (hungrigen) Bauch kommt, übertönt sie mit Leichtigkeit. Daher müssen wir unseren Verstand und unsere Vorstellungskraft erst ein wenig still werden lassen, damit wir sie überhaupt hören können.
Die Stimme unseres Herzens sagt uns genau, ob das, was wir begehren, uns wirklich glücklich machen wird, wenn wir es erst einmal erreicht haben. Ist das nicht der Fall, fühlen wir uns am Ziel nur ausgelaugt und leer. Diese Leere ist schwer zu ertragen und muss dann wieder neu gefüllt werden: Wir wollen mehr. Mehr vom Selben oder mehr vom Neuen.

Wer dagegen auf die Stimme seines Herzens hört, erreicht irgendwann seine Herzensziele – und dann kehrt keine Leere ein, sondern Zufriedenheit und Frieden.

◎ **Eine der einfachsten Möglichkeiten, sich aus negativen Karma-Strömungen zu befreien, besteht darin, nach seinen Herzenszielen zu suchen. Finden Sie heraus, was Sie wirklich wollen! Nehmen Sie sich Zeit dafür, statt allzu schnell den Bildern Ihrer spontanen Lust zu folgen.**

Unser Herz gibt uns nicht beliebige Ziele vor, sondern Ziele, die im Einklang mit unseren Werten stehen. Und das ist ganz entscheidend. Werte sind weder beliebig noch austauschbar. Einen Wert können Sie nicht haben, sondern nur *leben*.

Leben Sie wirklich nach Ihren eigenen Werten oder nach denen anderer? Wer im Strom schwimmt, darf nicht automatisch mit positiven Folgen rechnen – vor allem dann nicht, wenn der Strom in die Tiefe führt. Nur wer seine eigenen Werte lebt, lebt erfüllt und erzeugt gutes Karma.

Wenn Sie beschreiben müssten, was »Zufriedenheit« ist, könnten Sie sagen: »Das zu bekommen, was ich will.« Die meisten Menschen hegen diese Vorstellung von Zufriedenheit. Als Nächstes fangen sie an zu überlegen, was sie denn überhaupt genau wollen. Und schon beginnt die Vorstellungskraft verlockende Bilder zu schaffen, die die Begierden, die Gier und somit schlechtes Karma schaffen.
Wir können unsere Definition von Zufriedenheit allerdings auch anders auffassen. »Zufriedenheit heißt, das zu bekommen, was ich will« bedeutet nämlich auch: »Je weniger ich will, desto leichter werde ich zufrieden sein!«

Wenn Sie sich gegen die Gier entscheiden, entscheiden Sie sich nicht für Verzicht, sondern für mehr Freiheit, mehr Freiraum, Freude und Leichtigkeit.
Zweifellos bringt das »Nicht-Haben« das schlechte Karma sehr vieler Menschen auf dieser Welt zum Ausdruck. Für andere ist aber das Haben das schlechte Karma, das »Besitzen-Wollen«. Und das einzige Mittel, das hier hilft, ist das »Nicht-Haben-Wollen«. Das hat nichts mit Askese oder gar Leiden, sondern mit innerer Kraft und Freiheit zu tun:

◎ Je weniger wir begehren, desto weniger belasten wir unser Karma-Konto.

Angenommen, jemand träumt von einem Ferrari und sein Traum wird schließlich Wirklichkeit. So schön der Wagen auch sein mag – die Freude daran wird von der Angst vor einem Kratzer oder vor Diebstahl begleitet. Deshalb muss eine Versicherung abgeschlossen werden. Doch die Sorge um das teure Stück bleibt bestehen. Die eingebaute Alarmanlage hilft da auch nichts: Das Auto nachts auf der Straße stehen zu lassen erscheint zu riskant und so bleibt man lieber zu Hause. Und was den Hund betrifft – der darf ohnehin nicht in den Ferrari, wegen der Haare. Aus demselben Grund müssen leider auch Frauen im Pelzmantel draußen bleiben …
Durch das »Anhaften« an den Traumwagen entstehen mitunter so viele Probleme, dass er zum »Albtraumwagen« wird.
Wer den Wagen kauft (und Herz und Sorgen daran hängt), erschafft schlechtes Karma.
Wer ihn nicht kauft (und ihn sich doch eigentlich heiß und innig wünscht), erschafft ebenfalls schlechtes Karma.
Wer ihn jedoch nicht (mehr) begehrt, löst sich von den Fesseln seines Karmas. Dann kann er den Ferrari kaufen oder nicht – es macht karmisch gesehen keinen Unterschied.

Wenn Sie Ihre Karma-Energie befreien, haben Sie allen Spielraum, um auch für den Notfall gerüstet zu sein. Wenn Sie in einem Schloss am See, mit einer Yacht am eigenen Bootssteg leben, ist das natürlich schön. Und wenn Sie es dann auch noch schaffen, Ihr Herz nicht daran zu binden, wird ein Bankrott Sie nicht zur Verzweiflung bringen.

◎ Es ist ein großer Unterschied, ob Sie gierig nach Luxus sind, oder ihn einfach nur genießen. Wenn Ihr Karma nicht durch Begehren geprägt wird, sind Sie frei. Ihr Wohlbefinden und Ihr inneres Wachstum werden sich dann unabhängig von Ihrem Besitz entfalten.

Oft brauchen wir nicht einmal halb so viel, wie wir glauben. Und das gilt nicht nur fürs reine Überleben, sondern auch, wenn es darum geht, gut und glücklich zu leben.
Da alle unsere Taten auch Folgen haben, können wir gute Entscheidungen treffen, um gute Wirkungen zu erzielen: Wir können ein abgasarmes Auto fahren. Wir können darauf achten, nicht unnötig Wasser und Strom zu verbrauchen. Wir können unsere Wohnung isolieren und nicht unnötig heizen. All das ist sicher sinnvoll. Strom, Benzin, Wasser, Ressourcen sparen ist gut. Aber es sollte nicht der erste Schritt sein. Wichtiger ist es, dass wir unser Bewusstsein verändern! Erst dann spüren wir auch hautnah, dass Genügsamkeit keine moralische Pflicht, sondern eine Quelle inneren Friedens ist.
Ökologisch bewusste Menschen bewirken gutes Karma. Doch Energiesparer, Mülltrenner und Tütensammler, die unzufrieden leben und ihre Mitmenschen mit erhobenem Zeigefinger belehren, sind nicht frei, sondern gefangen. Und sie bewirken viel weniger als genügsame Menschen, die Freude und Zufriedenheit ausstrahlen und ohne Belehrung zeigen, dass das Glück mit Weniger oft leichter zu finden ist.

Wer frei von Begierde in sich ruht, dessen Handeln ist wie ein Steinchen, das in den See geworfen wird: Es berührt zwar nur einen kleinen Teil des Sees, zieht aber weite Kreise …

Das Gute im Auge behalten

Es gibt viel Leiden in der Welt, viel Hässliches, vielleicht sogar viel Böses. Doch es gibt immer auch das andere: das Schöne, Wertvolle, Gute. Beide hängen miteinander zusammen. Der chinesische Philosoph Laozi schrieb dazu vor über 2500 Jahren im *Daodejing*[1]:

Durch die Bestimmung des Schönen entsteht das Hässliche.
Durch die Bestimmung des Guten entsteht das Böse.
In der Tat:
Sein und Nicht-Sein bedingen einander,
Schwer und Leicht ergänzen einander,
Lang und Kurz gestalten einander,
Hoch und Niedrig bezwingen einander,
Stimme und Klang stützen einander,
Vorher und Nachher folgen einander.

Das Gute können wir erst dadurch als Gutes erkennen, dass wir das Schlechte wahrnehmen. Das Schöne wird erst zum Schönen durch sein Gegenteil. Obwohl Laozi die Karma-Lehre nicht kannte, beschrieb er doch sehr gut das Prinzip: Dadurch, dass wir werten, schaffen wir Karma. Indem wir zwischen Gut

[1] Die alten Schreibweisen, die Ihnen vielleicht geläufiger sind lauten: Laotse bzw. Tao te king.

und Schlecht unterscheiden, *schaffen* wir das Gute und das Schlechte. Der Weise, fährt Laozi denn auch fort, ordnet die Dinge nicht nach Begriffen, sondern nimmt sie, wie sie sind:

Er wirkt ohne zu handeln,
er lehrt ohne zu belehren.
Ohne Widerstand werden die Zehntausend Dinge,
ohne Widerstand lässt er sie werden.

Ja, wenn wir weise wäre, dann würden wir gar kein Karma erzeugen und uns vom Meer des Universums tragen lassen. Das freilich gelingt nicht so leicht. Und so können wir uns für das Zweitbeste entscheiden: gutes Karma zu schaffen, indem wir unseren Blick auf das Gute richten.

Selbst das ist nicht selbstverständlich. Manche Menschen scheinen geradewegs versessen darauf, ihre gesamte Aufmerksamkeit auf die dunkle Seite des Lebens zu richten. Sie können selbst den besten Nachrichten noch etwas Negatives abgewinnen. Damit sind sie in einem Kreislauf gefangen: Indem der Blick auf das Ungute gerichtet ist, wird das Gute nicht wahrgenommen. Schlechtes Karma entsteht und lenkt die Aufmerksamkeit noch mehr auf das Negative.

◎ Es ist die Entscheidung, die den Unterschied macht: Wir können uns entscheiden, uns auf das Ungute zu konzentrieren, oder aber auf das Gute.

Die Entscheidung ist nicht immer einfach.

Lange wirksames schlechtes Karma kann beispielsweise zu Depressionen führen – und selbstverständlich ist das dann nicht die Schuld des leidenden depressiven Menschen, sondern eben sein Karma. Er kann dann das Gute nicht mehr sehen (die Neurotransmitter in seinem Gehirn lassen es nicht zu). Und doch kann auch er gutes Karma schaffen und sich von schlechtem Karma befreien.

Auch ohne Depression stehen Sie vor Schwierigkeiten, wenn Sie sich dafür entscheiden wollen, das Gute im Auge zu haben. Das hängt mit unserer biologischen Natur zusammen. Das Gefährliche, Unangenehme, Giftige, Schädliche – das muss besonders stark im Bewusstsein verankert werden, damit es in Zukunft rechtzeitig erkannt und vermieden werden kann. Die Vermeidung eines Säbelzahntigers war für unsere frühen Vorfahren einfach wichtiger, als einen schönen Sonnenuntergang zu sehen. Mit diesem Erbe müssen wir leben. (Auch das ist eine Form von Karma!) Wenn wir in unserem Alltag auch nicht mehr von Tigern bedroht werden, so ist es dennoch immer noch so, dass alles Negative unsere Aufmerksamkeit mehr anspricht als das Positive. Das ist auch der Grund dafür, dass in den Nachrichten praktisch nur Schlechtes verkündet wird – gute Nachrichten fänden keine Zuschauer.

Die Konsequenzen liegen auf der Hand: Unsere Aufmerksamkeit, die ohnehin eher von Negativem gefangen wird, wird durch die durchwegs schlechten Neuigkeiten noch stärker auf das Negative ausgerichtet. Es wird uns der Eindruck vermittelt, die Welt sei durch und durch schlecht. Indem wir uns diese Sicht zu eigen machen, schaffen wir weiteres schlechtes Karma.

Wie sehr die scheinbar neutralen »Informationen« der Medien unser Bewusstsein auf das Negative ausrichten, merken wir erst, wenn wir bewusst dem Schlechten das Gute entgegenstellen.

Ein Flugzeugabsturz	Hunderttausende kommen an ihr Ziel und treffen ihre Lieben oder haben einen wunderbaren Urlaub

Ein Krieg	Milliarden Menschen leben unbedroht in Frieden
Ein Bankraub	Viele Tausend Menschen geben Zeit, Geld und Arbeit, um Notleidenden zu helfen
Jede Minute sterben Menschen	Jede Sekunde werden zwei Menschen geboren
Das Klimaproblem	Überall auf der Welt entstehen Gruppen, die sich dafür einsetzen, die Umwelt zu schützen

Es wäre natürlich zynisch, das so zu verstehen, als würde das Leiden auch nur eines Menschen durch das Glück von zehntausend anderen aufgehoben. Selbstverständlich nicht. Es geht uns nur darum zu zeigen, wie sehr und wie systematisch unser Augenmerk auf die negativen Seiten des Lebens gelenkt wird.

◎ Die gute Entscheidung, die Ihr Karma verbessern wird, lautet: Ich achte bewusst auf das Gute in der Welt, in anderen Menschen und in mir selbst.

Diese Entscheidung ist nicht dasselbe wie Verdrängen. Wenn wir blind werden für das Leid in der Welt, blind für die Taten anderer und blind für unsere eigenen Fehler, sind wir weit davon entfernt, gutes Karma zu schaffen. Das Schlechte sehen und dennoch erkennen, dass es das Gute gibt – ja, dass dadurch erst die Möglichkeit besteht, das Schlechte in Gutes zu transformieren: Das heißt, das Gute im Auge zu behalten und gutes Karma zu bewirken.
Die Entscheidung, das Gute im Auge zu behalten bedeutet, das Negative zu erkennen, aber nicht dabei zu verweilen und es nicht auf alles andere abfärben zu lassen.

Sehen Sie mit offenen Augen in die Welt: Überall finden Sie auch das Gute. Sehen Sie mit offenen Augen auf Ihre Mitmenschen: In jedem steckt etwas Liebenswertes. Sehen Sie in sich selbst hinein: Wie viel Gutes steckt dort!
Und Sie haben die Möglichkeit, es noch besser werden zu lassen.

Schweigen ist Gold

In vielen Religionen gibt es eine wichtige spirituelle Übung, die zunächst ganz einfach klingt: einfach mal den Mund halten. Schweigen hat eine ganz eigene Kraft. Wenn beispielsweise Karthäuser-Mönche ein Schweigegelübde ablegen, tun sie das ja nicht, weil ihnen nichts einfallen würde oder weil sie besonders geräuschempfindlich wären. Sie wollen durch Stille zu Gott finden.
Auch in buddhistischen Klöstern ist permanentes Geschwätz nicht gern gesehen. Und selbst außerhalb der Klöster, in unserer Alltagswelt, gibt es gelegentlich »spirituelles Schweigen«: Zum Gedenken an Katastrophen oder großes Unglück wird eine Schweigeminute eingelegt. (Danach geht es mit dem Geplapper allerdings meist wieder genauso weiter wie zuvor.)

◎ Die Sprache macht den Menschen erst zum Menschen. Das bedeutet aber nicht, dass man umso mehr Mensch wäre, je mehr man spricht.

Dass Menschen miteinander sprechen können, ist natürlich eine großartige Sache. Es kommt allerdings schon sehr darauf an, *was* man redet. Denn Worte können gutes wie schlechtes

Karma bewirken: Lügen, leere Versprechungen, Tratsch, Verleumdung oder Geschwätzigkeit vergiften unser Karma.
Geschwätzigkeit ist dabei in gewisser Hinsicht die größte Gefahr – denn hier sind wir uns nur selten bewusst, dass wir schlechtes Karma schaffen. Wer lügt, über seine Mitmenschen lästert oder leere Versprechungen abgibt, tut das in der Regel wenigstens mit schlechtem Gewissen. Zwar reicht das meist nicht aus, um beispielsweise mit dem Lügen aufzuhören, doch in dem unguten Gefühl, das wir dabei empfinden, liegt immerhin die *Chance*, unser Karma zu verbessern.
Beim alltäglichen Tratsch ist das kaum der Fall. Menschen reden einfach. Auch wenn es gar nichts zu sagen gibt. Über das Wetter, über Politik, über ihre Befindlichkeiten, über die Eheprobleme der Schwägerin des Freundes einer Freundin. Was auch immer gerade in den Gedanken ist, wird ungefiltert nach außen getragen. Doch das hat Nachteile: Je mehr man redet, desto höher ist die Wahrscheinlichkeit, dass man auch mal das Falsche sagt. Ferner kann bereits der Redefluss an sich leicht schlechtes Karma bewirken: Das äußere Geplapper übertönt die Stimme aus unserem Inneren, die uns viel Wichtigeres zu sagen haben könnte.

»Eure Rede sei Ja, Ja oder Nein, Nein, was darüber ist, das ist vom Übel«, sagt Matthäus in der Bibel. Das ist möglicherweise etwas übertrieben (schon allein der zitierte Satz aus dem Matthäus-Evangelium geht schließlich über diese Forderung hinaus) – doch der Kern der Aussage ist: Redet nicht so viel!
Buddha empfahl, nur das zu sagen, was *notwendig* und *förderlich* ist. Ganz wie von selbst stellt sich die Frage: Was ist denn notwendig und förderlich? Sollten wir das nicht genauer definieren?
Nein, das ist völlig unnötig. Und warum? Weil wir es ganz genau wissen, sofern wir nicht (und sei es innerlich) einfach drauf-

los reden, sondern stattdessen ruhig bleiben und in uns hineinhorchen.

◎ Das ist nämlich eines der Geheimnisse des glücklichen Lebens: Wir wissen im Grunde unseres Herzens fast immer, was gut und was schlecht ist.

Natürlich gibt es Grenzbereiche, wo wir unsicher sind. Doch wenn wir beispielsweise lügen, *wissen* wir in unserem Inneren ganz genau, dass wir etwas tun, das irgendwie nicht optimal ist. Nicht, dass es keine Rechtfertigung gäbe (die gibt es immer) – doch wir spüren meist genau, wann wir schlechtes Karma erzeugen.
Wichtig ist es, »Wort-Bewusstsein« zu entwickeln. Das bedeutet, dass wir uns selbst zuhören, wenn – oder weit besser noch, bevor – wir reden.

◎ Leere Worte sind wirkungsvoller, als man denkt.

Vielleicht scheint es, dass »harmlose« Worte – wenn es also nicht gerade Lügen oder Verleumdungen sind – kaum schlechtes Karma bewirken. Doch unsere Worte verlieren allmählich an Bedeutung, wenn wir reden, ohne etwas zu *sagen.* Mit der Zeit hört niemand mehr richtig zu – selbst dann nicht, wenn wir zwischendurch auch mal etwas Wichtiges, Wertvolles zu sagen haben. Zugleich verlieren unsere Worte aber auch für uns selbst an Bedeutung. Worte, die keinen Sinn vermitteln, führen in die Sinnlosigkeit. Und wenn wir uns daran gewöhnen, Dinge zu sagen, die nichts bedeuten, kann es leicht passieren, dass wir uns selbst irgendwann bedeutungslos finden.

Dass Lügen, Angeberei oder Täuschung kein gutes Karma schaffen, versteht sich von selbst. Ein paar Hinweise aber vielleicht doch: Wahrhaftigkeit im Alltag ist eines der besten Mittel, gutes Karma zu bewirken. Auch das ist letztlich nur eine Frage der Entscheidung und beginnt schon bei ganz einfachen Dingen: Neigen Sie zu Ausschmückungen, wenn Sie etwas erzählen? Fast jeder tut das. Jedes Ereignis erscheint interessanter und fesselt die Zuhörer stärker, wenn es farbiger dargestellt wird. Das dient zwar dem Zeitvertreib der Zuhörer – doch wenn es Ihnen darum geht, sich selbst interessanter zu machen, entfernen Sie sich immer weiter von der Wahrheit. Und da Sie sich so auch immer mehr von sich selbst entfernen, schaffen Sie schlechtes Karma.

◎ Sinnvolles, Nützliches, Notwendiges und Schönes mit anderen zu teilen ist wertvoll und schafft gutes Karma.

Versuchen Sie, sich genau dabei zu beobachten, was oder worüber Sie sprechen. Versuchen Sie aber bloß nicht, ständig Weisheiten und kluge Dinge von sich zu geben – darum geht es nicht. Auch wenn Sie Ihrer Kollegin nur sagen, wie gut sie heute aussieht und wie gern Sie mit ihr zusammenarbeiten (und das auch stimmt), werden Sie gute Karma-Strömungen erzeugen.

Die wichtigste Regel lautet aber: Sie *müssen* nicht reden. Schon gar nicht dauernd. Sie dürfen auch mal still sein, zuhören, fühlen und denken, bevor Sie sprechen. Oder schweigen. Manchmal ist das der beste Weg, seine Energien nicht zu binden und sein Karma rein zu halten.

Zum tropfenden Wasser werden

Wer ist stärker? Stein oder Wasser? Es ist nur eine Frage der Beständigkeit …
Eine verbreitete Möglichkeit, schlechtes Karma zu schaffen, besteht darin, ständig seine Ziele und Ansichten zu wechseln, beliebig und unzuverlässig zu sein und beim geringsten Widerstand die Flinte ins Korn zu werfen.
Dabei ist die Entscheidung, etwas loszulassen, grundsätzlich oft gar nicht so dumm: Schlechte Gewohnheiten, materielle Dinge oder Ängste aufzugeben befreit uns schließlich von belastendem Karma. Doch dieses Aufgeben verlangt eine bewusste, mutige Entscheidung.
Wer hingegen bei jeder auftretenden Schwierigkeit klein beigibt, kann keine Kräfte entwickeln und nie den Gipfel seiner Möglichkeiten erlangen. Wird jeder Schritt nach oben nur als lästiges Hindernis betrachtet, dann wird jeder unserer Schritte uns nach unten führen.
Beständig in seinem Tun und Denken zu sein heißt vor allem, sich selbst treu zu bleiben. Es heißt, dass man auch beendet, was man beginnt. Und es heißt, verlässlich und zuverlässig zu sein.

◎ Verlässlichkeit, Beständigkeit und Ausdauer sind kein Gegensatz zu spontanem Handeln.

Ohnehin können wir immer nur das tun, was uns *in diesem Augenblick* als das Beste, Sinnvollste, Wertvollste erscheint. Doch wenn die Vorstellung von dem, was denn das Beste, Sinnvollste, Wertvollste ist, jeden Augenblick wechselt, wird unser Geist verwirrt. Umso wichtiger wird es dann, sich wirklich einmal für irgendetwas zu entscheiden und sich nicht vom Ziel abbringen zu lassen. Sonst besteht die Gefahr, in den Strudeln schlechten Karmas vollends die Orientierung zu verlieren.

Es gibt Ziele, die nur ein schöner Augenblick in unserer Vorstellung sind – und es gibt Herzensziele, die tiefe Erfüllung bringen. Doch um diese Herzensziele zu erkennen, müssen Sie natürlich auf Ihr Herz hören. Es sind in der Regel nicht die Dinge, die Ihnen als Erstes einfallen. Vor allem sind es selten materielle Ziele. Wer achtsam hinschaut, erkennt meist schnell, was er wirklich will – nämlich das, was sein Leben wertvoll macht und positive Wirkungen nach sich zieht.

Wenn es um Ihre Ziele geht, wird es Ihnen vermutlich einleuchten, wie wichtig Beständigkeit ist. Doch das ist nur ein Teil einer umfassenderen Beständigkeit: der Beständigkeit, die in uns selbst liegt, und der Beständigkeit im Umgang mit unseren Mitmenschen.

◎ Gute Entscheidungen sind kein Zwang. Tugenden sind keine Pflichten.

Wenn man nach den wichtigsten Tugenden fragt, stehen *Zuverlässigkeit*, *Treue* und *Pünktlichkeit* ganz oben auf der Liste der Antworten. Doch diese Verhaltensweisen sind nicht für sich selbst wertvoll. Wer felsenfest zu seinem Wort steht, obwohl daraus nur Leid und Unrecht entstehen (beispielsweise bei den »treuen« Gefolgsleuten Hitlers), setzt sich selbst ins Unrecht. Wer seine Treue gegenüber seinem Partner, der Anhänger der freien Liebe ist, zur Schau stellt, wirkt eher lächerlich. Wer in Indien, wo ein anderer Zeitbegriff herrscht, auf europäische Pünktlichkeit besteht, erntet nur verwunderte, wenn nicht gar böse Blicke.
Der Wert der Beständigkeit liegt nicht darin, auf Prinzipien herumzureiten. Beständig sein heißt, sein Inneres in Einklang mit dem Äußeren zu bringen. Zuverlässigkeit ist wertvoll, weil sie zu einem klaren, harmonischen Verhalten führt. Wir müs-

sen uns nicht länger in scheinbaren Pflichten verlieren. Wir sind nicht mehr Sklaven unserer momentanen, oberflächlichen Neigungen, die uns mal hierhin, mal dorthin werfen. Wir brauchen keine Ausreden und Notlügen, keine verdrehten Erklärungen mehr abzuliefern. Wir sagen, was wir denken. Wir tun, was wir sagen. Und diese Klarheit führt zu Freiheit und befreit uns von karmischen Verstrickungen.

◎ **Beständigkeit, Zuverlässigkeit und Treue stehen nicht im Gegensatz zu Freiheit und Spontaneität – ganz im Gegenteil: Wenn wir im Inneren beständig sind, sind wir am meisten wir selbst.**

Indem wir »zum tropfenden Wasser werden«, nähern wir uns unserem inneren Ruhepol, um den sich unser Leben dreht. Dieser Wesenskern begleitet uns durch die Zeit. Er ist das, was wir als Sechsjährige, Sechzehn- oder Sechzigjährige gleichermaßen sind. Obwohl wir Erfahrungen sammeln, erleben, lernen, vergessen, bleiben wir im Kern doch stets wir selbst.

Es gibt eine einfache Möglichkeit, sich seinem Kern zu nähern: Stellen Sie sich vor, nach und nach alles von sich selbst abzuziehen. Vielleicht beginnen Sie sich vorzustellen, Ihr Auto wäre weg. Dumm – aber sicher wären Sie weiterhin vollkommen Sie selbst. Wie wäre es ohne Ihre Familie? Vielleicht schrecklich, vielleicht sehr traurig. Doch der da traurig ist, ist immer noch ganz und gar Sie. Ohne Ihre Arme? Ohne Beine? Langsam wird es schwierig. Ohne Ihre Gedanken? Ohne Ihre Gefühle? Wo würde Ihr Selbst verschwinden?

Indem Sie sich diese Fragen stellen und auf die Antworten aus Ihrem Inneren hören, finden Sie das Wesentliche – das, was in Ihnen wirklich Bestand hat.

Wenn wir »wie das tropfende Wasser« werden, füllen wir unser Fass mit gutem Karma. Was wir sagen, meinen wir. Was wir vorhaben, verwirklichen wir. Was wir angefangen haben, beenden wir.

Niemals enttäuscht sein

Es gibt Menschen, die werden immer wieder enttäuscht. Von ihrem Partner, vom Wetter und von der Lotterieverwaltung. Und das tun sie dann auch kund. Jeder soll wissen, wie hart das Schicksal mit ihnen umspringt. Diese Menschen leiden offenbar unter ihrem schlechten Karma, das sie immer wieder in die Tiefe zieht. Auf den Gedanken aber, dass sie selbst es sind, die ihre Missgeschicke mitgestalten, kommen sie fast nie.
Schlechtes Karma wird jedoch nicht im Augenblick der Enttäuschung verursacht, sondern schon davor. Auf ganz unmerkliche und subtile Weise. Denn jeder Ent-Täuschung muss schließlich eine Täuschung vorangegangen sein.
Das heißt aber auch: Jede Enttäuschung kann dadurch vermieden werden, dass wir uns vorher gar nicht erst täuschen.

◎ Falsche Erwartungen sind die Wurzel der Enttäuschung. Sie beruhen auf überhöhten Vorstellungen.

Unsere Vorstellungen haben eine große Macht. Allein die Art, *wie* wir uns etwas vorstellen, kann starkes Karma erzeugen.

Mitten in der Nacht eine Reifenpanne – und kein Reservereifen dabei! Daniel kann sich jedoch erinnern, in der ansonsten menschenleeren Gegend vor Kurzem eine Tankstelle gesehen zu haben, und macht sich auf den Weg. »Hoffentlich haben die einen Reifen für mich. Ich würde jetzt sofort 100 Dollar zahlen; ach was, 200!« Im Weitergehen überlegt er. »Aber jetzt haben die mich natürlich in der Hand. Die könnten auch 500 verlangen, und was dann?« Er beginnt sich zu ärgern. »Oder 1000. Ich bin denen völlig ausgeliefert!« Völlig außer sich kommt er an der Tankstelle an und schreit den verdutzen Besitzer an: »Sie sind wohl verrückt! Ich denke gar nicht daran, 1000 Dollar für Ihren dummen Reifen zu zahlen!«

Das ist natürlich nur ein Witz. Aber ist es Ihnen nicht auch schon einmal passiert, dass Sie sich so sehr in eine Vorstellung vertieft haben, dass sie beinahe Realität wurde?

◎ Erwartungslosigkeit ist nicht Gleichgültigkeit!

Nichts zu erwarten bedeutet, sich von schlechtem Karma zu befreien. Dennoch klingt »Erwartungslosigkeit« für viele irgendwie deprimierend. Das liegt daran, dass die Sprache doppeldeutig ist. »Nichts erwarten« kann heißen, dass wir etwas erwarten – das Nichts. Das ist in der Tat deprimierend. Doch gemeint ist natürlich etwas anderes: das Nichterwarten; die Haltung, unsere Gedanken gar nicht erst auf etwas zu richten, das nicht da ist. Und das ist etwas völlig anderes als Gleichgültigkeit.

Sich von seinen Erwartungen zu befreien heißt offen zu bleiben und sich die Chance zum Staunen zu erhalten. Ganz leicht ist das nicht. Aber möglich – und sehr wertvoll. Wenn wir ein Geschenk auspacken, ohne etwas zu erwarten, können wir noch aufrichtig staunen. Erwarten wir jedoch eine Pralinenschachtel, berauben wir uns dieses Gefühls. Und die Gefahr, dass wir enttäuscht werden, ist groß, denn es ist ja gut möglich, dass gar keine Pralinen drin sind – oder aber die falschen.

◎ Unsere Vorstellungskraft neigt zu Übertreibungen.

Wenn wir das, was wir uns wünschen, mit dem vergleichen, was wir haben, bemerken wir einen Unterschied. Und dieser Unterschied ist unerfreulich.
Wir stellen fest, dass uns etwas fehlt. Dann malen wir uns aus, wie wir es bekommen, und legen damit die Wurzel der Enttäuschung.
Natürlich wäre es theoretisch möglich, dass wir von der Wirklichkeit überrascht werden und die Realität unsere kühnsten Vorstellungen übertrifft. Aber eben leider nur theoretisch. Denn unsere Vorstellungskraft malt in sehr kräftigen Farben, die kaum übertroffen werden können.
Von schönen Dingen zu träumen macht Spaß. Doch die Augen zu öffnen und anschließend zu sehen, dass unsere Träume immer noch Träume sind, macht keinen. Dann kann selbst aus der wunderbarsten Vorstellung das Gefühl des Mangels entstehen. Dann können wir

- traurig und frustriert sein
- die Augen vor der Wirklichkeit verschließen, oder
- um jeden Preis versuchen, das zu bekommen, was wir uns vorgestellt haben

Traurig und frustriert sein wollen wir schon mal nicht. Und die Augen vor der Wirklichkeit zu verschließen bringt uns auch nicht weiter. So bleibt noch die dritte Möglichkeit. Sie scheint als einzige dazu zu führen, dass unsere Wünsche sich erfüllen. Deshalb wählen die meisten Menschen diese Möglichkeit.
Wenn unser Wunsch jedoch gar nicht im Einklang mit unseren wahren Bedürfnissen steht – sollten wir dann wirklich versuchen, ihn *um jeden Preis* zu erfüllen?

Unsere Vorstellung treibt uns leicht zu Zielen, die nicht wirklich unsere Herzensziele sind. Und dabei kommt es beinahe zwangsläufig dazu, dass wir schlechtes Karma schaffen. Und so werden wir wieder eine Enttäuschung erleben: Denn ein Ziel, das kein wahres Ziel des Herzens ist, kann uns nie befriedigen.

◎ **Vorfreude ist die höchste Freude. Doch wenn es bereits die höchste Freude ist: Wie viel Freude bleibt dann noch übrig, wenn sich unser Wunsch erfüllt?**

Dass die Vorfreude tatsächlich die höchste Freude ist, zeigen Psychologie und Hirnforschung: Wenn wir uns schöne Dinge vorstellen, schüttet unser Gehirn kräftig Glückshormone aus. Wir fühlen uns gut. Aber natürlich sind wir in aller Regel der Überzeugung, dass die Realität sicherlich noch weitaus schöner sein wird als die Vorstellung davon. Und hier liegt leider der Trugschluss, denn es gibt einen fatalen Zusammenhang: je stärker die Vorstellung, desto schwächer die Wirklichkeit!

Wohl jeder von uns kennt das Gefühl. Vergleichen Sie einmal wie Sie sich Ihren letzten Urlaub vorgestellt haben, mit dem Urlaub, den Sie tatsächlich erlebt haben. In Ihrer Vorstellung war die Ferne beinahe das Paradies. In der Realität war Ihr Urlaub zwar (hoffentlich!) schön – aber Sie waren eben nicht im Paradies. So wunderbar Ihre Reise war, konnte sie wohl kaum mit der Perfektion Ihres vorgestellten Urlaubs mithalten.
Die Vorstellung ist eben vollkommener als die Realität. Je intensiver unsere Vorstellung von etwas ist, desto weniger intensiv werden wir die Wirklichkeit erleben. Unsere Vorstellungskraft zeigt uns die grellsten Farben; das, was wir uns vorstellen, wird überhöht – bis es kaum noch von der Wirklichkeit übertroffen werden kann.

(Nebenbei bemerkt gilt das genauso für unangenehme Vorstellungen: Nur sehr selten ist etwas so schlimm oder anstrengend, wie wir es uns vorstellen! Enttäuscht sind wir dann allerdings nur selten.)

◎ Es ist gut, die Vorstellung klein zu halten. Die Dinge kommen einfach, wie sie kommen.

Wenn Sie sich weniger Gedanken machen über das, was geschehen könnte, werden Sie offener, freier und angemessener handeln können. Wenn Sie Ihre Vorstellungen kleiner halten und sich von den Übertreibungen hüten, die Ihr Unterbewusstsein produziert, werden Sie leichter schlechtes in gutes Karma umwandeln können.

Sie können das ganz bewusst tun, indem Sie Ihre Vorstellungskraft von Extremen fernhalten. Immer wenn der Gedanken an das Paradies oder die Hölle auftauchen, kehren Sie bewusst zur Erde zurück. Der nächste Partner muss nicht der vollkommene Mensch sein, der nächste Urlaub nicht der Höhepunkt Ihres Lebens. Falls Sie jedoch diese Vorstellung hegen, werden Sie schlechtes Karma schaffen, denn Sie werden enttäuscht werden.

Bewahren und entwickeln Sie Offenheit gegenüber dem, was geschieht. »Was auch immer kommt – ich weiß es nicht, aber es ist für mich vollkommen richtig so.«

Dann werden Sie die schönen Augenblicke Ihres Lebens intensiver genießen, da sie unsere Vorstellung übertreffen.

Menschen sind, wie sie sind. Das Wetter kommt, wie es will. Das Leben bringt, was es eben bringt. Schwimmen Sie durch das Meer des Universums, getragen von dem guten Karma, das Sie schaffen. Und Sie werden feststellen: Alles ist gut so, wie es kommt.

Nachgeben und der Klügere sein

Meinungen sind Ankerpunkte für das Ego. An sie wird oft das Ich gefesselt. Und das heißt nichts anderes, als dass sie Energie binden – also schlechtes Karma erzeugen. Nachgeben befreit die gebundene Energie. Die Befreiung von der eigenen Meinung ist eine der wirksamsten Befreiungen aus dem Strudel schlechten Karmas.

Nun haben Sie sicherlich Ihre Vorstellung von der Welt. Sie haben sich Theorien zurechtgelegt, wie die Welt funktioniert. Das ist ganz natürlich und auch nicht weiter problematisch – es sei denn, Sie beginnen, diese Meinungen, Ansichten und Theorien vehement zu vertreten und sich mit ihnen zu identifizieren.

Sie sind nicht Ihre Meinung. Selbst wenn Sie Ihre Meinungen völlig ablegen würden, wären Sie noch ganz Sie selbst. Sie wären Ihrem wahren Selbst sogar näher. Wenn Sie das verinnerlicht haben, wird Ihr Karma-Konto einen großen Schritt ins Plus machen.

Bringt es überhaupt irgendwelche Vorteile, anderen die Meinung zu sagen (nicht irgendeine, sondern selbstverständlich die eigene)? *Wissen* Sie überhaupt, dass Sie »recht haben«? So leicht ist das ja nicht. Wer hat schon »wirklich« recht? Jede Meinung ist immer nur ein kleiner Ausschnitt der Wirklichkeit. Und selbst wenn Sie recht hätten – Xenophanes, ein griechischer Dichter, brachte es auf den Punkt: »*Und sollte einer auch einst die vollkommenste Wahrheit verkünden* – wissen *könnte er's nicht: Es ist alles durchwebt von Vermutung.*«

◎ Wenn verschiedene Meinungen aufeinandertreffen, entstehen Spannungen.

Trotz dessen, was Xenophanes sagte, beruhen die meisten Streitereien darauf, dass unterschiedliche Meinungen aufeinandertreffen. Kluge Menschen wie Spinoza meinten, dass die meisten Streitigkeiten daher rühren, dass »... *die Menschen ihre Gedanken nicht richtig darstellen oder die Gedanken des andern falsch deuten*«. Wenn man lediglich seine Gedanken richtig darstellt, dann gibt es keinen Streit, soll das wohl heißen. Außer der andere ist zu blöd. Das ist schon etwas naiv. Sicher: *Theoretisch* hat Spinoza recht. Wenn zwei sich gegenseitig vollkommen verstehen, kommt es nicht zum Streit. Doch es gibt da ein kleines Problem: Nie werden wir jemand anderen vollkommen verstehen können. Wir können uns nur bemühen. Und das geht kaum, wenn wir nur *unsere* Meinungen im Sinn haben.

◎ Wenn Sie nachgeben, vergeben Sie sich nichts. Ganz im Gegenteil.

Es mag Situationen geben, in denen es wichtig ist, einer Meinung etwas entgegenzustellen, um nicht stillschweigend Zustimmung zu signalisieren. Als die Nationalsozialisten an die Macht kamen, stimmte die Mehrheit durch Schweigen zu. Zu widersprechen hätte sicherlich gutes Karma geschaffen. Doch selbst da wäre nicht die eigene Meinung wichtig gewesen, sondern das Bewahren der Menschlichkeit.

Bei den alltäglichen Streitereien, die Sie vielleicht erleben (oder die Sie gar persönlich betreffen), ist das Kundgeben der eigenen Meinung nur wie das Umrühren in einem Glas schmutzigen Wassers. Das Wasser wird durch das Umrühren nicht klarer, sondern trüber.

»Zu einem Streit gehören immer zwei« – diese Idee nervt, wenn man gerade von einem Besserwisser bedrängt wird. Aber tatsächlich: Wenn es keinen Widerstand gibt, gegen den der andere kämpfen kann, fällt der Streit aus.

A: Dein Getue geht mir auf die Nerven. Warum sagst du nicht deine Meinung? Du hast ja nur Angst, Stellung zu beziehen!

B: Das kann gut sein.

A: Aha! Du gibst es wenigstens zu, dass du dich nur fürchtest, deine Meinung zu sagen?

B: Ich werde mal darüber nachdenken.

A: Immer diese Ausweichmanöver! Das finde ich ziemlich feige!

B: Das kann ich schon verstehen.

Und so weiter … (aber sicher mit baldigem Ende der Diskussion).

So einfach wäre es, Streit zu vermeiden und gutes Karma zu schaffen. Doch wie wichtig ist es Ihnen, dass andere verstehen, was Sie meinen? Wenn es Ihnen sehr wichtig ist, dann deshalb, weil Sie möchten, dass der andere Sie sieht, wie Sie wirklich sind. Und es heißt, dass Sie sich mit Ihrer Meinung identifizieren. Das ist völlig unnötig. Sie sind ohnehin Sie.
Wenn wir noch ein wenig genauer hinsehen, können wir allerdings feststellen, dass die unterschiedlichen Meinungen nur die Oberfläche des Problems sind.

◎ Menschen, die sich zanken, wollen Streit meistens gar nicht wirklich vermeiden. Dabei ist das Thema des Streites in der Regel Nebensache; meist sind es ganz andere Ursachen, als es vordergründig den Eindruck macht.

Bei Auseinandersetzungen geht es beispielsweise darum, sein Weltbild zu verteidigen und damit auch sein Bild von sich selbst. Schon Kleinigkeiten können die Welt ins Wanken bringen. Oder ein Streit entzündet sich an Stress – Menschen, die

gestresst sind, neigen dazu, andere anzugreifen. Schlechtes Karma (Stress) schafft schlechtes Karma (Streit). Manchmal streiten Menschen auch lediglich, um ihr Selbstwertgefühl aufzupolieren, indem sie zeigen, wie klug und redegewandt sie sind.
Streit kann Kampf, Sport, Kampfsport oder Befreiung sein.
Vielleicht wollen Sie aber *überhaupt nicht* streiten. Es macht Ihnen nicht den geringsten Spaß. Kein Problem – solange Sie nicht darauf beharren, Ihren Standpunkt zu vertreten ... Ohne Gegenposition ist Streit nicht möglich. Geben Sie einfach nach, ohne sich dabei aufzugeben.
Und wenn Sie doch einmal in Streit geraten – halten Sie sich an Shakespeare: *»Tun wir es gleich Advokaten im Prozess, die tüchtig streiten, doch als Freunde schmausen!«*

Alte Wunden heilen

Es gibt in jedem von uns dunkle Stellen, die uns immer wieder dazu veranlassen, alten Mustern zu folgen und schlechtes Karma zu schaffen. Und das, obwohl wir es eigentlich besser wissen.

◎ Die Schatten auf unserer Seele werden von der Vergangenheit geworfen. Sie sind die Hinterlassenschaften alter emotionaler Verletzungen.

Manche dieser alten Wunden reichen bis in die Kindheit zurück. Beispielsweise gibt es Menschen, die schnell mit Aggression und Gewalt reagieren. Sie wollen es nicht, vielleicht verachten sie sich sogar für ihre Gewaltbereitschaft, vor allem wenn sie ihre eigenen Kinder schlagen. Und doch fällt es ihnen

schwer, das alte Muster zu überwinden. Denn fast immer ist dieser Schatten eine Verletzung aus ihrer eigenen Kindheit, in der sie mit Gewalt konfrontiert waren: Sie lernten, dass Konflikten mit Gewalt begegnet wurde. Und das lernten sie gründlich – denn als Kinder lernen wir alles gründlich. Daher werden so häufig aus misshandelten Kindern gewaltbereite Erwachsene.
Die Muster, die schlechtes Karma schaffen, werden häufig in der Kindheit angelegt: Das schlechte Karma pflanzt sich fort. Doch natürlich entstehen negative Verhaltensmuster nicht nur in der Kindheit – manchmal auch danach oder davor …
Immer dann, wenn unsere Gefühle verletzt und diese Wunden nicht geheilt wurden, bleiben Narben zurück. Solche emotionalen Narben sind Quellen schlechten Karmas.

◎ So alt die Verletzungen auch sein mögen, so hart die Narben auch sind, so dunkel der Schatten auf der Seele auch ist: Immer besteht die Chance, die alten Wunden zu heilen, die Narben zu glätten und dem Schatten einen Sinn zu verleihen.

Der erste Schritt, die erste gute Entscheidung, die schlechtes in gutes Karma verwandeln kann, besteht darin, sich dem Schatten zu stellen. Nicht selten verleugnen Menschen ihre dunklere Seite. Sie wollen sie nicht sehen. Und so erschaffen sie weiterhin schlechtes Karma – sehen aber nicht, dass sie selbst es schaffen: Immer sind es die Umstände, die anderen oder das Schicksal.
Doch der Schatten in uns ist nichts, vor dem wir uns fürchten müssten. Alles, was in uns ist, versucht nur, uns zu beschützen. Doch leider manchmal mit den falschen Mitteln. Unsere dunklen Seiten sind nicht »böse«. Es sind lediglich Abwehrmuster gegen verletzende Erfahrungen. Wir müssen den Schatten in

uns nicht »bekämpfen«, sondern ihn verstehen und die alten Wunden heilen. Die gute Entscheidung besteht darin, sich dem Schatten zu stellen, ihn zu verstehen und zu heilen.

◎ Emotionale Wunden zu heilen ist so leicht oder so schwer, wie körperliche Wunden zu versorgen. Doch da die wenigsten Menschen aktiv ihre emotionalen Verletzungen behandeln und auch gar nicht wissen, wie sie das tun können, heilen die Wunden nicht oder lassen Narben zurück.

Es gibt allerlei Missverständnisse, wenn es darum geht, Wunden der Seele zu heilen. Wenn Sie darüber nachdenken, werden Ihnen wohl vor allem zwei Möglichkeiten einfallen, wie Sie mit alten Verletzungen umgehen können: Entweder Sie versuchen zu vergessen, oder aber Sie versuchen, das Geschehene »aufzuarbeiten«.

Einfach vergessen – das funktioniert oft nur zu gut: Aber es verschwindet dadurch nicht wirklich. Ihr Bewusstsein mag Verletzungen völlig vergessen, doch in Ihrer Seele bleiben die Wunden dann unbehandelt.

Und das »Aufarbeiten« scheint auch nichts zu bringen: Das verletzende Geschehen in Gedanken und Gefühlen immer wieder zu erleben lässt die Wunden nicht heilen. Aber sollte das »Aufarbeiten« nicht ganz anders als durch Wiederholen geschehen?

Es ist vielleicht hilfreich, sich zu überlegen, wie es sich denn mit körperlichen Verletzungen verhält. Was würden Sie tun, wenn Sie bei einem Ballspiel mit Freunden in eine Glasscherbe träten? Die Wunde säubern oder Schmutz hineinreiben? Die Verletzung behandeln bzw. behandeln lassen oder sie ignorieren? Die Wunde immer wieder aufreißen oder Heilung zulassen?

◎ **Eine schlimme Erfahrung zu »verarbeiten« bedeutet nicht, sie immer wieder in der Vorstellung zu wiederholen! Jede Wiederholung verstärkt nur das schlechte Karma.**

Alte Wunden wirklich zu heilen und die Quelle schlechten Karmas zum Versiegen zu bringen bedeutet, die negativen Erfahrungen auf erträgliche und positive Weise in das Leben einzugliedern. Sie müssen also *bewusst* an Ihren Erinnerungen arbeiten. Und das ist nicht dasselbe wie eine ständige Wiederholung der verletzenden Erfahrung. Ein Pianist, der jahrelang immer wieder das gleiche Stück mit demselben Fehler wiederholt, wird es nicht automatisch irgendwann richtig spielen. Im Laufe der Zeit wird es ihm sogar immer schwerer fallen, den eingeübten Fehler wieder loszuwerden. So ist es auch mit Ihren Erinnerungen: Sie müssen etwas *anders machen als bisher*, wenn Sie wollen, dass Ihre Gefühle andere sind als bisher.

Aber wie? Verstehen Sie zunächst einmal: Das *Geschehene* ist nicht dasselbe wie das *Erlebte*. Das Geschehene sind nur physikalische Fakten. Zum Beispiel: Ihre Eltern waren gewalttätig und haben Sie aus geringsten Anlässen geschlagen. Das Erlebte ist jedoch etwas ganz anderes. Beim Erleben geht es um die Gefühle: Sie fühlten sich vielleicht hilflos ausgeliefert, dachten, dass Sie es aufgrund einer Schuld, die Sie auf sich geladen haben, verdienten.
Nun reagieren Sie schnell selbst mit Gewalt. Sie halten das nicht für gut, aber das alte Muster bricht sich dennoch Bahn.

Zur Heilung kommt es dann, wenn Sie Ihre Erfahrungen nicht einfach wiederholen, sondern *neu erleben*. Heute haben Sie ganz andere Möglichkeiten, als es in Ihrer Kindheit der Fall war. Wenn Sie heute etwas Vergangenes betrachten, können Sie das Geschehen anders als damals erleben.

◎ **Heilen Sie alte Wunden, indem Sie die alte Verletzung nicht aufreißen, sondern mit Ihrem heutigen Wissen, Können und Fühlen behandeln.**

Ganz gleich, wie schwer die emotionale Verletzung war: Heute können Sie anders damit umgehen. Sie können Ihrem früheren Selbst (das nun Ihr Schatten ist) zur Seite stehen, Sie können diejenigen, die Sie verletzten, versuchen zu verstehen (was nicht dasselbe ist, wie ihr Tun gutzuheißen!) und Sie können vergeben.
Das ist die gute Entscheidung, die Ihr Karma befreit.
Um Ihrem früheren, verletzten Selbst beizustehen, können Sie in Ihrer Vorstellung in Ihre Vergangenheit reisen. Aber nicht, wie Sie es vielleicht bisher gemacht haben, als hilflos leidender Beobachter, sondern als »Heiler«. Mit Ihren heutigen Fähigkeiten sind Sie in der Lage, die Situation zu bewältigen und unbeschadet aus ihr hervorzugehen. Nähern Sie sich langsam der Situation, in der Sie die Verletzung erfuhren. Sie können aus dem Jetzt, in dem Sie sicher und unangreifbar sind, Ihr damaliges, verletzliches Selbst unterstützen und schützen. Ihr Erleben der damaligen Situation wird sich verändern – Sie können mit den positiven Erfahrungen in die Gegenwart zurückkehren.

Das Wichtigste, um alte Verletzungen zu heilen, ist, die emotionale Wunde zu reinigen, damit sie heilen kann – und genau das tun Sie, indem Sie mit Ihrem heutigen Selbst Ihr vergangenes Selbst unterstützen. Dann lassen Sie die Zeit wirken und heilen.
Die Vergangenheit zu heilen kann Ihr Karma grundlegend verändern. Wenn die alten Muster, die ständig schlechtes Karma generierten, zum Stillstand kommen – dann werden Sie von den einem Strom positiven Karmas getragen.

Zweifel überwinden

Das Zweifeln am scheinbar Selbstverständlichen ist die wichtigste Aufgabe des Philosophen. Hinter den Vorhang des Offensichtlichen zu blicken ist ein Mittel der Erkenntnis. Auch jenseits der Philosophie sind oft Zweifel angebracht – vor allem bei Werbesendungen und Wahlkampfversprechen.
Doch der, der an allem zweifelt, und der, der ohne zu hinterfragen alles glaubt, haben eines gemeinsam: Es fehlt ihnen der heilsame Gegenpol.

◎ Weisheit bedeutet auch am Zweifel zu zweifeln. Denn es ist nicht der Zweifel, der Berge versetzt, sondern der Glaube.

Die wenigsten Menschen sind geborene Philosophen. Ihr Zweifeln an dem, was sie sind, was zu tun ist, was wertvoll ist, ist kein Mittel zur Erkenntnis, sondern eine Quelle schlechten Karmas. Denn wenn das Hinterfragen nicht zu mehr Verständnis führt, bedeutet es nur Stillstand. Das Infragestellen wird zum Ersatz für echtes Handeln.
Der Gegenpol zum Zweifeln ist Vertrauen.
Die gute Entscheidung besteht darin, sich von unproduktivem Zweifel zu befreien und dem Universum zu vertrauen.

◎ Glauben Sie an sich? Wenn Sie an sich selbst glauben, heißt das, dass Sie darauf vertrauen, aus eigener Bemühung mit eigener Kraft das, was Sie sich vorgenommen haben, auch zu schaffen.

Es ist der Blick auf das Kraftvolle, Positive, Gute in Ihnen. Es ist die Haltung, die gutes Karma schafft. Dabei ist es ziemlich gleich, um was es geht.

Ob Sie ein Instrument oder eine Sprache lernen wollen, ob Sie erfolgreich in Ihrem Beruf oder im liebevollen Umgang mit Ihrer Familie sein möchten, ob Sie eine leichte oder eine schwierige Aufgabe lösen müssen: Das Vertrauen in sich selbst, der Glaube an die positiven Kräfte im Universum, erzeugt gutes Karma, das Sie wiederum dabei unterstützt, das, was Sie sich vorgenommen haben, auch zu verwirklichen.
Und das hat nicht viel damit zu tun, ob das, was Sie sich vornehmen, »realistisch« ist. Ihre Vorstellung formt die Realität! Das, was (noch) nicht ist, ist immer irreal. Wenn Sie sich vornehmen, ein Instrument zu erlernen, wird Sie die Vorstellung davon, dass Sie es schaffen und das Instrument irgendwann spielen können, dabei unterstützen, Ihre Idee Wirklichkeit werden zu lassen. Ihr Vertrauen in sich selbst erzeugt gutes Karma, das Ihnen auf Ihrem Weg hilft.
Sagen Sie sich dagegen: »Das schaffe ich nie«, »Ich bin nicht begabt genug«, »Ich werde es sowieso wieder aufgeben« – erzeugen Sie schlechtes Karma. Und dieses schlechte Karma wird dann dazu beitragen, dass Ihre negativen Gedanken Wirklichkeit werden.
Es spielt dabei kaum eine Rolle, ob Sie »begabt« für Musik sind oder nicht. Es spielt keine Rolle, ob Sie bisher Erfolge hatten oder nicht. Es spielt keine Rolle, ob Sie bisher schnell den Mut verloren haben, wenn Sie etwas anfingen.
Es zählt nur, wie Sie sich entscheiden. Für den Zweifel an oder für das Vertrauen in sich selbst.

◎ Vertrauen statt zu zweifeln ist eine gute Entscheidung – auch wenn es um die eigene Person geht.

»Vertrauen ist gut, Kontrolle ist besser«, meinte Lenin. Mittlerweile dürfte deutlich geworden sein, dass ein System, das auf strenger Kontrolle statt auf Vertrauen gründet, keineswegs besser ist. Die Diktaturen der Sowjetunion und der DDR sind untergegangen – und nicht etwa, weil es zu wenig Kontrolle gab. Es fehlte am Vertrauen der Machthaber am Volk und am Vertrauen des Volkes gegenüber den Herrschenden. Das schlechte Karma, das auf diese Art und Weise ständig geschaffen wurde, manifestierte sich schließlich im Zusammenbruch dieser Systeme.

Was im Großen gilt, gilt natürlich erst recht im Kleinen: Vertrauen erzeugt gutes Karma, Misstrauen schlechtes. Es ist kein Zufall, dass gerade diejenigen, die große Angst davor haben, »über den Tisch gezogen«, »abgezockt«, übervorteilt und betrogen zu werden, dann tatsächlich oft zu Opfern werden. Was sie nicht wissen, ist, dass sie in doppelter Hinsicht Opfer sind: Opfer des Betruges, aber vor allem Opfer ihres schlechten Karmas. Denn ihr Karma hat es viel wahrscheinlicher gemacht, dass sie in die Rolle hineinrutschen, die sie in ihren Gedanken bereits ausfüllen.

Zweifel an unseren Mitmenschen sind, viel häufiger als man für gewöhnlich annimmt, erst die Ursache dafür, dass sich diese Zweifel dann als begründet erweisen. Auch hier zeigt sich wieder, wie schlechtes Karma wirkt: Schlechtes Karma bewirkt schlechtes Karma, wenn wir nicht Achtsamkeit entgegensetzen und das schlechte Karma in gutes verwandeln.

Eine der häufigsten Formen des Zweifels an anderen Menschen ist die Eifersucht. Jemand, der eifersüchtig ist, neigt dazu, seinen Partner einzuengen, jedes Ereignis im Licht der eifersüchtigen Gedanken zu betrachten und seine Liebe mit Angst und Wut zu vergiften. Seinen Gedanken folgen Gefühle. Jemand, der von Eifersucht gequält wird, kann kaum offen und liebevoll sein. Und wieder wird er, indem er schlechtes Karma produziert, genau das fördern, was er befürchtet: dass sich nämlich sein Partner von ihm entfremdet, abwendet und möglicherweise jemand anderem zuwendet.

◎ Zweifel werden nur durch Vertrauen überwunden. Und Vertrauen in das Sein entsteht, wenn wir uns in Achtsamkeit üben.

Ob Sie an sich selbst, anderen Menschen oder der Welt zweifeln: Sie reinigen Ihr Karma, indem Sie diese Zweifel besiegen. Doch die Zweifel sind nun einmal in Ihnen – und es ist nie besonders aussichtsreich, gegen sich selbst zu kämpfen.

Wenn Sie Zweifel in sich spüren, seien es Zweifel an Ihrem eigenen Wert, Ihren eigenen Fähigkeiten oder Zweifel und Misstrauen gegenüber anderen Menschen, sollten Sie sich erst einmal diese Regung *ganz bewusst machen*. Denn schon das ist nicht selbstverständlich: Oft sind uns Gefühle, die uns zu Gedanken oder Handlungen bewegen, nicht völlig bewusst. Sie verbergen sich knapp unter der Oberfläche des Bewusstseins – und können durch Achtsamkeit ganz ins Bewusstsein treten. Wenn nun diese Gefühle in das Licht des Bewusstseins treten, können Sie sie betrachten, anstatt sich verführen zu lassen, gleich Gedanken und Taten folgen zu lassen.

Und das macht bereits einen gewaltigen Unterschied. Schon dann beginnen Sie, Ihr Karma zu reinigen. Beispielsweise, wenn Sie Eifersucht spüren: Die gewohnte Reaktion besteht darin, nach Anhaltspunkten zu suchen, die die Eifersucht begründen. Stattdessen können Sie das Gefühl der Eifersucht bewusst beobachten. Sofort wird die Eifersucht abnehmen – Ihre Gedanken werden sich auf die Quelle der Eifersucht anstatt auf deren Begründung richten.

An die Stelle der durch schlechtes Karma aktivierten Suche nach dem Negativen tritt die Erforschung der eigenen Beweggründe. Auch dieser Prozess kann schmerzhaft sein: Sie können Ängste und Einsamkeit empfinden. Aber es sind Schmerzen, die bei der Heilung auftreten – nicht Schmerzen, die durch das Aufreißen von vermeintlichen Wunden entstehen. Dann wird die Eifersucht zur Ruhe kommen. Ihr eifersüchtiges Verhalten wird zur Ruhe kommen. Sie werden zur Ruhe kommen. Und statt schlechtem entsteht gutes Karma – was sich in der Beziehung zeigen wird.

Weniger leiden, mehr lieben

Das Mitgefühl mit allen Wesen ist eine der wichtigsten Tugenden im Buddhismus. Nun, »Tugend« trifft es eigentlich nicht recht. Es ist einerseits eine Empfehlung: Mehr Mitgefühl heißt weniger Leid und besseres Karma. Andererseits ist echtes Mitgefühl ein »Symptom« – dafür, dass die Trennung zwischen Ich und Du bis zu einem gewissen Grad aufgehoben ist. Buddha lehrte, dass diese Trennung lediglich eine Illusion ist: Schon das Ich ist eine Illusion, wie viel mehr dann die Trennung von etwas anderem! Die Illusion zu durchbrechen heißt zu erwachen.

◎ Mitgefühl ist nicht nur Mitleid. Es ist auch Mitfreude.

Wir alle (außer Psychopathen) haben mehr oder weniger die Fähigkeit, mit anderen mitzufühlen. Und das ist sogar biologisch in uns angelegt. Anfang der 1990er-Jahre entdeckten die Neurowissenschaftler Vittorio Gallese und Giacomo Rizzolatti an der Universität Parma sogenannte »Spiegelneuronen« – Nervenzellen im Gehirn, die aktiv werden, wenn wir andere beobachten: Sie lösen dann weitere Abläufe im Gehirn aus, die

denen entsprechen, wenn man die beobachtete Handlung selbst ausführen würde.
Sie kennen das sicherlich aus eigener Erfahrung. Wurden Sie nicht auch schon einmal von Gelächter »angesteckt«? Oder haben, wenn Sie sich beispielsweise ein Fußballspiel oder einen Boxkampf angesehen haben, gemerkt, wie Sie körperlich ganz automatisch »mitgehen«?
Spiegelneuronen haben eine wichtige Funktion beim Lernen, vor allem auch beim sozialen Lernen. Im Gehirn gibt es also eine Instanz, die uns die Fähigkeit zu Mitgefühl verleiht.

Doch echtes Mitgefühl ist mehr als lediglich eine automatische Tätigkeit unseres Gehirns. Das »neuronale Mitgefühl« ist umso stärker, je ähnlicher uns das Beobachtete ist und je mehr wir uns damit identifizieren. Dieses Mitgefühl ist mit Selbstliebe verbunden: Wir versetzen uns in den anderen hinein und erleben das, was der andere erlebt, selbst – aber von unserer Warte aus. Wir fühlen nicht, was der andere fühlt, sondern das, was wir fühlen würden, wenn wir an seiner Stelle wären.
Doch an welche Stelle versetzen wir uns? Es ist leicht, mit den Schönen, Sympathischen, mit niedlichen Kindern und kuscheligen Tieren auf diese Art mitzufühlen. Doch haben nicht die Unsympathischen, Kranken, Hässlichen, die Ausgestoßenen und Abstoßenden ebenso – oder sogar mehr – Mitgefühl verdient?

◎ Das erwachte Mitgefühl erwächst aus bedingungsloser, nicht urteilender Liebe.

Aber es gibt doch auch Boshafte, Mörder, Menschen voller Hass, grausame und lieblose Menschen. Die sollen wir alle lieben? Ist das nicht völlig unmöglich? Ist es überhaupt wünschenswert? Und wenn: Muss man nicht ein Heiliger sein, um auch solche Menschen zu lieben? Ist das nicht zu viel verlangt?

Nun, niemand verlangt das von Ihnen. Sie müssen gar nichts. Doch vielleicht *wollen* Sie es ja – denn nicht zu urteilen, sondern den Schmerz des Grausamen, die Verzweiflung des Bösen, die Angst des Hasserfüllten zu erkennen ist keine Last, sondern eine Befreiung. So wenig wie Sie lieben *müssen*, müssen Sie verurteilen. Doch die Befreiung vom Urteilen ist eine Entscheidung, die Ihr Karma verbessert und Ihre Seele erleichtert.

Den Schlamm klären

Nehmen Sie ein Glas klares Wasser und tun Sie etwas Erde dazu. Sie rühren um und haben eine trübe, schmutzige Brühe. Wie bekommen Sie jetzt wieder klares Wasser? Indem Sie weiter kräftig umrühren, oder indem Sie das Glas Wasser eine Weile ruhig stehen lassen?
Natürlich wissen Sie die Antwort. Und doch wenden Sie Ihr Wissen wahrscheinlich nicht an, um »seelischen Schlamm« zu klären.

◎ Gutes Karma ist wie reines Wasser. Schlechtes Karma ist das trübe Wasser. Und eine der besten Möglichkeiten, schlechtes Karma in gutes zu verwandeln besteht darin, nicht im Schlamm der negativen Gedanken, Sorgen, Ängste und Probleme zu rühren, sondern Ruhe einkehren zu lassen.

Während es wenig Schwierigkeiten bereitet, das Glas Wasser einfach eine Weile stehen zu lassen, ist es schon deutlich schwieriger, seine ständig kreisenden Gedanken zum Stillstand zu bringen.

Die erste Schwierigkeit ist, überhaupt zu erkennen, dass Unruhe im Geist herrscht. Selbst wenn Sie glauben, ganz still und entspannt zu sein, sind die *Vrittis* (so der Sanskritbegriff für die unruhigen Gedankenstrudel) aktiv. Die ständige Bewegung des Geistes ist uns so vertraut, dass wir in der Regel überhaupt nicht auf die Idee kommen, dass es auch anders sein könnte.
Und doch haben Sie mit größter Wahrscheinlichkeit das Stillstehen der Gedanken einige Male in Ihrem Leben erfahren. Vielleicht ist es schon sehr lange her. Aber jedes Kind kennt diesen Zustand – ganz im Augenblick versunken zu sein, ganz wach und bewusst, doch ohne Unruhe im Geist. Kinder erfahren diese klare Stille, wenn sie in ihr Spiel vertieft sind. Sie haben es vielleicht erfahren, als Sie ergriffen Ihrer Lieblingsmusik lauschten, ehrfürchtig einen Sonnenuntergang bestaunten … oder in der Liebe zu einem anderen Menschen.
Und Sie können es wieder erfahren: Der Weg heißt Meditation.

◎ Meditation heißt: den Geist zur Ruhe bringen.

- Die karmische Wirkung der Meditation ist kaum zu überschätzen
- In der Meditation kommen die negativen Gedanken zur Ruhe, die schlechtes Karma erzeugen
- In der Meditation wächst die Achtsamkeit, die verhindert, dass wir schlechtes Karma durch Unachtsamkeit schaffen
- In der Meditation kehrt Klarheit in den Geist ein und karmische Zusammenhänge werden deutlich
- In der Meditation verlieren die Ängste, die uns in einem Strudel schlechten Karmas gefangen halten, an Bedeutung
- Durch Meditation kommen Aggressionen, die immer die Wurzel schlechten Karmas sind, zum Frieden
- In der Meditation entsteht gutes Karma, das über uns hinauswirkt und auf andere Menschen ausstrahlt

◎ Trotz der großen Kraft, die Meditation entfaltet, ist nichts Geheimnisvolles daran. Eigentlich ist Meditation einer unserer natürlichen Bewusstseinszustände.

Es gibt viele Wege, sich in Meditation zu üben. Im Zen-Buddhismus wird Meditation auf das Einfachste reduziert: still sitzen, bewusst wahrnehmen, nichts festhalten. Keine Gedanken, keine Wahrnehmungen, keine inneren Bilder – alles kommt und geht. Und allmählich kehrt Ruhe in die Strudel unserer Gedanken, Wahrnehmungen, Meinungen, Erinnerungen und Gefühle ein.
Das ist einfach – und doch so schwer. Denn es ist ungewohnt, nichts zu tun und einfach zu *sein*.
Etwas leichter fällt es, wenn wir unseren Geist mit einer gleichförmigen Tätigkeit beschäftigen, beispielsweise, indem wir unseren Atem verfolgen oder ein Mantra stetig wiederholen.
Am allerbesten ist es natürlich, wenn Sie die meditative Haltung mit in den Alltag nehmen können. Meditation ist nicht Tagträumen, Dösen oder Entspannen. Meditation bedeutet, konzentriert, wach und unverkrampft das tun, was man tut. Der meditative Zustand ist dadurch gekennzeichnet, dass wir uns nicht in Gedankenkreisen bewegen, nicht reflektieren, nicht überlegen, abwägen und beurteilen.
Dass wir uns nicht missverstehen: Natürlich ist es auch wichtig, nachzudenken und zu reflektieren. Aber eben nur dann, wenn es erforderlich ist, und nicht als Dauerbeschäftigung.

◎ Nachdenken und Reflektieren sind wunderbare Fähigkeiten, die uns zu Menschen machen. Aber sie sind das Gegenteil der Meditation: Bei diesen Tätigkeiten erzeugen wir Strudel im Meer des Universums, gutes und schlechtes Karma.

Um den Geist zu klären und von dem Schlamm unsinniger, unwichtiger und unnötiger Gedanken, die immer wieder im Kreis laufen, zu befreien, müssen wir gerade *nicht* denken, *nicht* reflektieren, *nicht* abwägen und urteilen – sondern einfach *sein*. Im Übrigen werden auch unser Denken und unsere Urteilsfähigkeit enorm davon profitieren, wenn wir die Verwirrung und das Durcheinander in unserem Geist klären – und das wird ebenfalls positive Auswirkungen auf unser Karma haben.

Um wieder auf die Meditation im Alltag zurückzukommen: Bei sehr vielen Tätigkeiten, die wir alltäglich durchführen, ist es nicht notwendig, zu denken und zu urteilen. All diese Tätigkeiten können wir in meditativer Haltung ausführen – und dabei unser Karma verbessern.
Ist das nicht wunderbar? Sie können *nur* Geschirr spülen, aufräumen, putzen, im Garten arbeiten, spazieren gehen, sitzen (mit ausgeschaltetem Fernseher) – und mehr für Ihr geistiges und seelisches Wohl tun, als wenn Sie dabei gleichzeitig Gedanken, Sorgen oder Ängste in Ihrem Geist kreisen lassen.
Alles was dazu notwendig ist, ist eine gute Entscheidung: Entscheiden Sie sich für mehr Klarheit und richten Sie einfach immer wieder Ihre Gedanken auf das, was Sie gerade tun. Wenn die Gedanken abschweifen, macht das nichts. Kehren Sie wieder zurück zur Konzentration auf Ihr Tun.
Wenn Sie sich darin üben, meditativ zentriert zu sein, werden Sie schon bald feststellen, wie sich Ihr Leben positiv verändert. Ihr Geist wird klarer, Ihre Sorgen werden weniger.

Werden Sie zum Lotos, der sich aus dem Schlamm erhebt und zur Reinheit erblüht.

Mit ganzem Herzen schenken

Eine der Eigenschaften, die der Buddhismus als besonders wertvoll ansieht, ist Freigebigkeit (*danam*). Wer ohne Eigennutz etwas gibt, schafft gutes Karma. Das ist freilich ein wenig paradox; denn wenn wir ohne Eigennutz schenken, haben wir selbst den größten Nutzen davon.
Mit ganzem Herzen schenken heißt, keine Gegenleistung erwarten. Freude schenken – das erzeugt große Mengen gutes Karma. Ein Geschenk, das in Erwartung eines Gegengeschenks (und sei es auch in nicht materieller Form, beispielsweise Dankbarkeit) gegeben wird, ist kein wirkliches Geschenk, sondern ein Tauschgeschäft. Und das, obwohl mit dem Tauschpartner nicht einmal Verhandlungen geführt wurden. Ein echtes Geschenk ist also *immer* etwas, das von Herzen gegeben wird.

Alles, was wir besitzen, besetzt einen Teil unseres Geistes, meinte einmal Christian Morgenstern. Ganz deutlich merken wir das, wenn wir uns von etwas trennen sollen, woran unser Herz hängt. Wir treffen auf einen Widerstand. Selbst dann, wenn es Dinge sind, die wir gar nicht brauchen.
Wenn Sie diesen Widerstand überwinden, haben Sie gutes Karma geschaffen.

◎ Indem Sie sich von Dingen trennen, befreien Sie Ihren Geist und gewinnen Energie für Wichtiges und Wesentliches.

Das gilt immer. Aber ganz besonders dann, wenn Sie freigebig aus ganzem Herzen Dinge weggeben, an denen sich andere freuen.
Machen Sie doch einmal eine Bestandsaufnahme von allem, was Sie besitzen. Wetten, dass Sie sehr viel mehr haben, als Sie

ahnen? Selbst wenn Sie sich viel Mühe gäben, könnten Sie kaum alles aufzählen, was Sie an materiellem Besitz haben. Vieles davon nutzen Sie ohnehin nicht mehr. Es ist im Grunde nur Ballast. Und es sollte eigentlich einfach sein, sich wenigstens davon zu trennen. Sie können Ihr Karma verbessern und Ihr Leben sehr viel leichter machen, wenn Sie loslassen, was Sie nicht (mehr) brauchen.

Selbst mit dem, was für Sie unnötig ist, können Sie anderen möglicherweise eine Freude machen. Mit Büchern, die Sie nie mehr zur Hand nehmen, die andere aber gern läsen – jede Bücherei freut sich über Buchspenden. Mit Kleidung, die Sie nie mehr tragen – die *Caritas* und andere Organisationen brauchen dringend Kleiderspenden für Menschen, die sich nicht einmal eine neue Hose oder einen dicken Mantel leisten können. Auch Elektrogeräte, die Sie nicht mehr verwenden oder Möbel, die Ihnen nur im Weg herumstehen, könnten Menschen, die sich wenig leisten können, eine große Freude machen; Inserate in der Rubrik »zu verschenken« sind in den meisten Anzeigenblättern kostenlos.

So einfach kann es sein, sich zu befreien und gleichzeitig gutes Karma zu schaffen. Wenn es um Dinge geht, die keinen Wert für Sie haben, ist das vermutlich recht leicht.

Doch wie sieht es mit Sachen aus, die Ihnen lieb und wert sind? Das muss nicht immer das sein, was im Pfandhaus das meiste Geld bringen würde. Besonders wertvoll sind Dinge, mit denen Sie schöne Erinnerungen verbinden. Deren Wert lässt sich nicht in Geld messen. Doch der Wert macht sich schon bemerkbar, wenn Sie es verschenken.

◎ Je wertvoller das ist, was Sie verschenken, desto mehr gutes Karma schaffen Sie – wenn Sie wirklich aus ganzem Herzen schenken.

Sie können ein »spirituelles Experiment« durchführen: Verschenken Sie etwas, an dem Ihr Herz wirklich hängt, ohne dass Sie eine Gegenleistung erwarten können.
Das Geschenk muss keinen hohen materiellen Wert haben; darauf kommt es gar nicht an. Wichtig ist nur, dass Ihr Herz an dem hängt, was Sie verschenken. Sie werden feststellen, dass Sie vor einer fast unüberwindlichen Mauer stehen. Alles in Ihnen wird sich wehren. Falls Sie dann doch ernsthaft überlegen, was Sie verschenken könnten, werden manche Dinge plötzlich geheimnisvoll an Wert gewinnen. Sie werden spüren, wie sich Ihr Herz mit aller Macht an die Dinge klammert.
Und das ist nur der erste Schritt. Wenn Sie sich dazu durchringen können, etwas zu verschenken, an dem Ihr Herz hängt, stehen Sie vor der Herausforderung, wirklich keine Gegenleistung zu verlangen. Nicht einmal Dankbarkeit.

Dieses kleine spirituelle Experiment ist nicht ganz leicht. Wenn Sie es jedoch bis zum Ende durchführen, werden Sie sehr interessante Erfahrungen gemacht haben. Und Sie werden feststellen, dass Sie es tatsächlich *spüren,* wenn Sie gutes Karma erschaffen.
Dann wird es Ihnen leicht fallen, Freigebigkeit zu einem Teil Ihres Lebens werden zu lassen und Ihr Karma ständig zu verbessern.

◎ Wichtiger als das Geben ist es, die Freude am Geben zu entdecken.

Wir können diesen Punkt gar nicht stark genug betonen. »Gute Taten« verlieren ihren Wert, wenn Gegenleistungen erwartet werden. Jedes gute Tun trägt seine Belohnung in sich. Diese Belohnung ist eine innere Freude – und diese innere Freude ist ein Zeichen dafür, dass gutes Karma entsteht.

Zwei Dinge gibt es noch zur Freigebigkeit zu sagen: Zum einen stimmt die bekannte Tatsache, dass Hilfe zur Selbsthilfe immer besser ist, als jemanden in der Abhängigkeit von Freigebigkeit zu halten. Zum Zweiten ist aber vor allem auch im Auge zu behalten, was Marie von Ebner-Eschenbach so treffend schrieb: *»›Man kann nicht allen helfen‹, sagt der Engherzige und hilft keinem.«*

Der Freude die Türen öffnen

Manchmal scheinen spirituell orientierte Menschen zu glauben, dass Lachen, Freude, Heiterkeit und Lebenslust für die seelische Entwicklung irgendwie von Übel seien. Vielleicht hört man deshalb in unseren Kirchen so selten Gelächter, fröhliche Lieder und spielende Kinder. Spielende, lachende, glückliche Kinder in der Kirche – beinahe undenkbar.
Nun kann ja die Kraft der Stille in unserer überlauten Welt etwas durchaus Heilsames sein. Nur macht es einen großen Unterschied, ob es die strenge, erzwungene, gespannte und unterdrückte Stille der Angst ist oder aber die heitere Stille des Staunens und der Freude. Selbst ein wildes, lautes Kind kann von dieser Art der Stille ergriffen werden, wenn es über etwas Schönes staunt.

◎ Während sich in der gezwungenen Stille etwas staut, befreit die heitere Stille und gibt Kraft.

Die Stille ist eine Seite des Spirituellen. Doch die andere Seite ist die gelebte Freude, ohne die die stille Seite leblos ist. Wenn wir die Freude annehmen und ihr die Türen öffnen, öffnen wir die Tore zu unserem Herzen.

Es ist ein merkwürdiges Phänomen, dass uns die Tiefe und die befreiende Kraft der Freude kaum je so deutlich wird wie die Tiefe dunkler Gefühle, wie Trauer oder Schmerz. Viele Künstler, Komponisten und Schriftsteller schufen ihre größten Werke in der Folge dunkler Stimmungen. Tragödien bewegen uns in der Regel mehr als Komödien – und gelten als die höhere (und damit tiefere) Kunstform. Das alles führt zu einer Abwertung des Heiteren, Freudigen, Unbeschwerten.
Doch dass Trauer auf den ersten Blick mehr das Gemüt bewegt als Freude, liegt daran, dass Schmerz und Trauer uns auf uns selbst verweisen. Wir spüren diese Gefühle sehr deutlich, weil wir sie assoziiert erleben. Wir nehmen den Aufruhr in unserer Seele reflektierend wahr. Freude hingegen ist selbstvergessen, selbstlos.

◎ Der Freude Raum zu geben heißt die Seele mit Licht füllen. Es ist die gute Entscheidung zum »Ja«, die unser Karma positiv wirken lässt.

Ein Weg zur Freude führt über die Dankbarkeit. Warten Sie nicht darauf, dass etwas Besonderes geschieht, dass Sie endlich Freude am Leben spüren. Sie müssen nicht warten, denn ständig geschieht etwas, das in Ihnen das Gefühl der Freude wecken kann. Sie *könnten* sich über so vieles freuen. Damit Sie es wirklich *können,* müssen Sie nur Ihr Herz öffnen gegenüber dem, was ist.

Bewahren Sie das Staunen: Wie unwahrscheinlich ist es doch, dass es Sie gibt! Sie sind der Endpunkt von Millionen Generationen von Lebewesen. Während Millionen anderer Linien ausgestorben sind, lebt Ihre weiter. Sie sind hier. Einmalig an diesem einmaligen Punkt zu dieser Zeit im Universum.

Sehen Sie in die Natur: Ist es nicht unfassbar, wie alles zusammenwirkt? Sehen Sie sich an, was die Menschen geschaffen haben: Ohne zu urteilen, ohne zu werten – es ist erstaunlich. Und wie viel erstaunlicher noch, dass Sie hier sind und das alles in Ihnen. Sie sehen die Welt. Und die Welt ist in Ihnen. Ist nicht alles ein großes Wunder? Eigentlich können wir gar nicht aufhören zu staunen, wenn wir die Augen öffnen.
Und vom Staunen ist es nur ein kleiner Schritt hin zur Dankbarkeit: All dies zu erfahren, das »Gute« wie das »Schlechte«, ist das nicht ein großes Geschenk?
Wenn Ihr Herz überquillt voll freudigem Staunen – nehmen Sie die Freude an und verstehen Sie: Ihr Karma hat Sie genau hierhergeführt.
Seien Sie kein bleicher Heiliger, sondern ein lachender Buddha!

OPTIONALES ZUBEHÖR

»Karma, ihr Mönche, sage ich, sind die Absichten.«

Buddha

Zum optionalen Karma-Zubehör gehören Wohlstand, Gesundheit und gute soziale Kontakte – allesamt Dinge, die wir bewusst anziehen *können*, die wir aber nicht unbedingt anziehen *müssen*. Finanzielle Sicherheit, Gesundheit und ein großer Freundeskreis sind nämlich ohnehin natürliche Folgen positiven Karmas: Indem wir weise Entscheidungen treffen und Gutes tun, werden sich diese Folgen ganz von selbst einstellen – auch ohne dass wir uns weiter darum kümmern müssen. Doch andererseits hindert uns natürlich auch niemand daran, uns gezielt darum zu kümmern, dass unsere Wünsche sich erfüllen. Karma ist schließlich einfach nur das, was wir anziehen – ob automatisch oder ganz bewusst. So können wir immer wieder zwischen zwei Möglichkeiten wählen: Entweder wir lassen den Dingen ihren Lauf und vertrauen darauf, dass das Universum ohnehin am besten weiß, was wir wann brauchen – oder wir helfen ein bisschen nach. Wir können auf die Weisheit des Universums vertrauen und dennoch *absichtlich* Gutes tun. Vor allem, wenn wir klare Ziele oder Visionen verfolgen, kommt positive Absicht ins Spiel.

Ob Sie lieber *absichtslos* oder *absichtlich* glücklich werden, ist nicht zuletzt auch eine Frage der Veranlagung. Manche Menschen bevorzugen es, ihr Karma zu befreien, indem sie sich bemühen, Negatives loszulassen. Anderen fällt es leichter, sich gezielt auf das Positive zu konzentrieren, ihr optionales Karma-Zubehör zu nutzen und »Ich will …« zu sagen.
Darin liegt allerdings immer die Gefahr, dass das Wollen Besitz von der Seele ergreift. Solange Sie jedoch Ihre Energien nicht an Dinge binden, werden Sie in jedem Fall gutes Karma ernten. Und schließlich machen weder Freunde noch Gesundheit oder Geld an sich unglücklich, solange Sie dabei ein paar Kleinigkeiten beachten.

◎ Wenn Sie einen starken Wunsch, einen Traum oder eine Vision haben, die Ihrem Herzen entspringen, sollten Sie dies als Einladung sehen, gezielt an Ihrem Karma-Rad zu drehen.

Die einfachste Möglichkeit, um Träume wahr werden zu lassen, besteht darin, die Kraft der eigenen Vorstellung zu nutzen. Es ist der Geist, der die Materie schafft. Träume verändern die Welt und bringen neue Farben und Ideen ins Leben. Und gerade in hoffnungslosen Situationen ist ein positiver Traum manchmal überlebenswichtig.

Doch Vorsicht! Träume erzeugen noch stärkere Karma-Strömungen als Gedanken. Gedanken sind nämlich oft nur oberflächlich – sie kommen und gehen. Ein Traum, der lange gehegt wird, wirkt sich hingegen sehr intensiv aus. Der Traum (= *Ursache*) schafft die Wirklichkeit (= *Wirkung*). Starke Träume ziehen oft sehr schnell Tatsachen nach sich, die dann unverrückbar sind.

◎ Das Gesetz von Ursache und Wirkung funktioniert völlig unabhängig davon, ob Ihre Wünsche eigennützig und kurzsichtig oder edel und hochherzig sind. Deshalb sind Bestellungen beim Universum auch immer mit Vorsicht zu genießen.

Wer sich mit aller Kraft nach Reichtum sehnt, wem finanzielle Sicherheit außerordentlich wichtig ist und wessen Bewusstsein sich immerzu um Geld dreht, der kann kaum anders, als tief in die materielle Welt hineinzutauchen. Das ist sein Karma – und letztlich wird ihm sein Karma vor Augen führen, dass ihn das Materielle nicht glücklich macht. Sein Karma lehrt ihn eine wichtige Lektion.

Jemand, der mit aller Macht reich sein will, *kann* nicht arm sein wollen. Und erzwungene Armut schafft auch nicht automatisch gutes Karma. Zwänge führen nicht nur zu Unzufriedenheit, sie hemmen auch die Entwicklung. Aus karmischer Sicht ist es manchmal das Beste, einen Umweg zu machen: Wer nie die Erfahrung macht, dass die Jagd nach äußerem Reichtum in die Sackgasse führt und dass Lebensfreude und Gelassenheit wichtiger sind als der Kontostand, wird auch nie frei werden.

Ebenso wie Armut nicht automatisch unglücklich macht, macht Geld auch nicht unbedingt unglücklich. Wohlstand kann durchaus eine der Folgen guten Karmas sein.

Wer seine Bedürfnisse erfüllt, erzeugt deshalb noch lange nicht schlechtes Karma. Allerdings kommt es natürlich auf die Bedürfnisse an. Anders gesagt: Egal, was Sie sich wünschen: Überprüfen Sie die *Absicht*, die hinter Ihren Wünschen steckt! Es ist beispielsweise ein riesengroßer Unterschied, ob wir reich sein wollen, um in Saus und Braus zu leben, ob wir andere mit unserem Reichtum beeindrucken und einschüchtern wollen, oder ob wir Geld als Mittel nutzen, um Freiheit von Zwängen

leichter zu erreichen, um zu helfen und unser Mitgefühl zum Ausdruck zu bringen.
Was immer Sie sich wünschen oder wovon auch immer Sie träumen: Denken Sie an den Bumerangeffekt. Wer aus Gier, Verantwortungslosigkeit oder Selbstsucht handelt und niedrige Ziele verfolgt, wird kein Glück finden – im Gegenteil. Überlegen Sie daher, was passieren wird, wenn Ihre Träume sich verwirklichen: Wird Ihnen das wirklich nützen? Werden Sie gutes Karma schaffen, das Ihnen und anderen das Leben erleichtert und es auf eine höhere Stufe hebt?
Auch für das optionale Zubehör gilt also: *Der Schlüssel zu Freiheit und Glück liegt darin, beim Denken, Fühlen und Handeln die richtigen Entscheidungen zu treffen …*

Wie Karma reich macht

Zwar stimmt es, dass Geldscheine nicht besonders gut riechen, aber dass Geld stinkt, ist dann doch übertrieben. Die Vorurteile gegen Reichtum (und Reiche) sind groß – und das ist kein Wunder: Auch wenn Geld an sich neutral ist, so stinkt doch einiges von dem, was mit Geld gemacht wird, zum Himmel. Ob Kriminalität, Drogengeschäfte, Prostitution, Korruption oder Ausbeutung – bei alledem spielt Geld eine große Rolle. Wann immer es nur um die persönliche Bereicherung geht, kann Geld jede Menge schlechtes Karma erzeugen. Reichtum wird nicht selten von Verschwendungssucht, Eigennutz und Gier begleitet – und zieht dann unvermeidlich Unglück an.

◎ Je mehr wir besitzen, desto größer wird unsere Verantwortung. Doch ebenso wie Geld geradewegs in den Abgrund führen kann, können finanzielle Möglichkeiten auch genutzt werden, um gutes Karma zu schaffen. Geld ist immer nur Mittel zum Zweck.

Wer einen guten Zweck verfolgt, kann auch Positives bewirken. Beispielsweise kann er Organisationen wie *SOS-Kinderdorf* oder *Ärzte ohne Grenzen* unterstützen, mittellosen Freunden oder Verwandten helfen, Kunst und Kultur fördern oder seinen Kindern eine aussichtsreiche Zukunft bieten.
Geld ersetzt weder Mitgefühl noch Kreativität oder einen bewussten Umgang mit der Erde, aber es kann durchaus dabei helfen, Menschen unter die Arme zu greifen, kreative Projekte zu fördern oder die Natur zu schützen.

Auch in Geldangelegenheiten gilt also, dass es letztlich unsere Werte sind, die unser Karma prägen. Die gute Absicht entscheidet! Wir können Wohlstand anstreben, damit

- wir frei sind, statt aus Not Dinge tun zu müssen, die gegen unsere Natur sind
- sich unsere Kreativität entfalten kann, indem wir etwa ein Instrument lernen oder uns ein Atelier einrichten
- wir mehr Zeit für uns selbst haben
- wir die Freude erfahren, die darin liegt, andere aus Not zu befreien und ihnen Freude zu bereiten
- wir mehr Gelassenheit entwickeln, da wir uns von Existenzängsten befreien können

Doch apropos Gelassenheit: *Wirklich* reich werden wir nur, wenn wir unser Herz nicht an Reichtümer hängen. Auch wer alle Bücher dieser Welt in sein Haus stellt, wird dadurch noch kein Gelehrter. Und ebenso wenig ist ein dickes Konto Garant für wirklichen Reichtum: Das Gesetz des Karma wirkt nämlich wie das Gesetz der Schwerkraft, und so können wir regelmäßig beobachten, wie leicht der Traum vom großen Geld platzt und wie schnell sogar Millionäre unter Umständen Bankrott machen.

Mit zusammengebissenen Zähnen nach Geld zu jagen bringt Sie nicht weiter, denn es ist Ihr Karma, das entscheidet. Wenn Sie Ihr Bewusstsein auf materiellen Gewinn einengen, dann bekommen Sie (bestenfalls) ein dickes Konto – aber (mit großer Sicherheit) auch viel schlechtes Karma. Wenn Sie Ihr Bewusstsein darauf richten, gutes Karma zu schaffen, wenn Sie großzügig zu anderen sind, wenn Sie sich von Ängsten und (Geld-)Sorgen befreien, wenn Sie Gier, Hass und Unwissenheit meiden – dann wird Ihr gutes Karma es Ihnen leicht machen, auf dem Meer des Lebens zu schwimmen. Und es wird Ihnen auch Wohlstand verschaffen.

◎ Karma macht Sie reich, wenn Sie drei Dinge beachten: Erstens sollten Sie gute Absichten verfolgen. Zweitens brauchen Sie eine klare Vorstellung von dem, was Sie erreichen wollen. Und drittens ist es unerlässlich, verantwortungsvoll mit Geld umzugehen.

Wenn Sie sich nach Reichtum sehnen, sollten Sie zuallererst Ihre tieferen Absichten und Ihre Werte erforschen – eigennütziges Handeln (oder auch nur Wünschen) erzeugt nämlich immer schlechtes Karma.
Des Weiteren kommt es darauf an, eine lebendige Vorstellung zu entwickeln. Ihr Geist kann die erträumte Realität nur dann erschaffen, wenn Sie ein klares Bild vor Augen haben. Wenn Reichtum in Ihren Gedanken eine Rolle spielt, lenken Sie sie in die richtigen Bahnen. Visualisierungen sind dabei hilfrei-

cher als Worte. »Sehen« Sie sich selbst, wie Sie reich sind: Gut, dazu gehört vielleicht ein schönes Haus und ein paar andere Dinge. Doch wenn Sie dabei stehen bleiben, ist schlechtes Karma vorprogrammiert. Sie werden die Dinge, die Sie sich vorstellen, leichter erreichen – doch zu welchem Preis! Visualisieren Sie daher vor allem das, was gutes Karma schafft: die positiven Dinge, die Sie tun (beispielsweise Hilfsprojekte unterstützen), das, was Ihnen Freiheit verschafft (sodass Sie manches, das Ihren Werten widerspricht, nun nicht mehr gezwungen sind zu tun), die Menschen, die Sie glücklich machen, Ihre Freude über das, was Sie bewirken können … Machen Sie sich bewusst, dass Sie durch Ihre Bilder die Saat ausstreuen und dass es nur eine Frage der Zeit ist, bis die Saat Früchte trägt. Verabschieden Sie sich aber auch von der Vorstellung, dass Besitz »schlecht« oder »unmoralisch« wäre. Auf die Absichten kommt es an.

Und das gilt sogar beim Konsumieren …
Um sich vor negativen Karma-Wirkungen zu schützen, sollten Sie die Kunst des *Karma-Shopping* pflegen. Es geht dabei darum, bewusst und verantwortungsvoll mit Geld umzugehen. Beispielsweise können Sie sich fragen, ob Sie das, was Sie sich kaufen wollen, auch wirklich brauchen. Sind Sie bereit, achtsam mit Ihrem Neuerwerb umzugehen? Ist Ihnen bewusst, dass all die Dinge, die Sie besitzen, auch behütet und gepflegt sein wollen?
Eine weitere Möglichkeit, Karma-Shopping umzusetzen, besteht darin, umweltbewusst und sozial einzukaufen. Geld ist Macht und jeder Verbraucher hat die Macht, bestimmte Firmen oder Konzerne zu fördern und andere zu meiden.
Ist das Produkt, das wir kaufen, auf Kosten der Umwelt oder unter menschlichen und fairen Arbeitsbedingungen hergestellt worden?

Ist Geiz wirklich geil?
Oder ist es sinnvoller, fairen Handel zu betreiben, die Umwelt zu schützen und auf Qualität statt auf Masse zu setzen?
Eine »Technik« des Karma-Shoppings könnten wir nennen: »Den wahren Wert bedenken«. Überlegen Sie sich dazu, *bevor* Sie den Preis einer Ware sehen, was sie Ihnen wert ist. Denken Sie dabei nicht so sehr an das Geld, sondern an Ihre Arbeitszeit. Und *dann* kaufen Sie – oder lassen es. Wenn der Gegenstand mehr kostet, als er Ihnen wert ist: Lassen Sie es unbedingt bleiben. Wenn er weniger kostet, legen Sie die Differenz zurück, um sie später einem guten Zweck zuzuführen. So schaffen Sie beim Einkaufen *immer* gutes Karma.

Gutes Karma schafft man nicht unbedingt dadurch, dass man im Kloster lebt. Sie können sogar beim Gang durch den Supermarkt gutes (oder schlechtes) Karma anziehen. Doch das Wichtigste im Umgang mit Finanzen ist, dass Sie Geld als das sehen, was es ist: als Mittel zum Zweck und nie als Selbstzweck.
Seien Sie ruhig reich; machen Sie sich und anderen das Leben angenehmer – doch missbrauchen Sie Geld nicht, um Ihr Herz (oder Ihr Karma) zu belasten, sondern bleiben Sie frei von Gier oder Geiz.

Wie Karma heilt

Krankheiten zeigen uns das Gesetz von Ursache und Wirkung besonders deutlich. Ohne Ursache gibt es keine Erkrankung – und das gilt auch dann, wenn die Ursache im Einzelfall gar nicht mehr auszumachen ist.

Krank zu werden ist unangenehm. Lebensbedrohende Erkrankungen lösen bei jedem von uns schwere Krisen aus. Selbst banale Alltagsbeschwerden wie eine gewöhnliche Erkältung sind zumindest lästig und unerwünscht. Kein Wunder also, dass wir vor allem eines wollen, wenn wir krank werden: unsere Krankheit irgendwie »loswerden«.

Allerdings vergessen wir dabei, dass Krankheiten immer einen Sinn haben: Sie wollen uns etwas sagen. Sie haben eine Botschaft. Sie sind oft notwendig, um Veränderungen herbeizuführen oder Lernprozesse in Gang zu bringen. Darüber hinaus können sie auch sehr viel über unser Karma verraten.

◎ Jede Erkrankung ist eine Abweichung vom Zustand des Gleichgewichts, und dafür gibt es vor allem eine Ursache: Unachtsamkeit in dieser oder früheren Existenzen.

Besonders oft entstehen Krankheiten als Folge einer unbewussten Lebensweise. Die Ursache für unsere Gesundheitsprobleme ist dabei leicht nachvollziehbar, denn sie hängt mit unseren Einstellungen und unserem Verhalten zusammen. Hier gibt es viele Beispiele: So schädigen Fehlernährung und übermäßiger Kaffeekonsum den Magen. Bewegungsmangel lässt die Muskulatur verkümmern, führt zu Haltungsschäden und Rückenschmerzen. Der jahrelange Konsum von Alkohol und Zigaretten kann lebensbedrohende Krankheiten hervorrufen usw. All das ist eine Folge unseres Karmas.

Bei all diesen Problemen, die aus unseren täglichen Handlungen resultieren, passt gut, was Arthur Schopenhauer einmal über das vermeintliche Schicksal schrieb: »*Was aber die Leute gemeiniglich das Schicksal nennen, sind meistens nur ihre eigenen dummen Streiche.*«

Krankheiten, die die Folge falscher Denk- und Lebensgewohnheiten sind, können überlebenswichtig sein: Oft zwingen sie uns zu einer wichtigen Korrektur unserer Gewohnheiten. Ob Bewegungsmangel, schlechte Ernährung, Schlafmangel, Giftstoffe oder emotionale Probleme – sie alle bringen Körper und Seele aus dem Gleichgewicht und erzeugen schlechtes Karma. Je nachdem, wie stark unser Immunsystem und wie belastbar unsere Organe und unser Nervensystem sind, ist es dann nur eine Frage der Zeit, bis Gesundheitsprobleme auftauchen.

Neben unserem alltäglichen Handeln sind oft auch »Altlasten« dafür verantwortlich, dass wir krank werden. Bei der Entstehung von Erkrankungen räumen Wissenschaftler den Genen heute eine wachsende Rolle ein. Es gibt klassische Erbkrankheiten wie das Marfan-Syndrom, die Muskeldystrophie oder das Ribbing-Syndrom – vermutlich haben Sie noch nie davon gehört. Das ist auch kaum ein Wunder, denn sie kommen nur sehr selten vor. Viel häufiger haben wir es da schon mit genetisch bedingten Dispositionen zu tun: So sind Allergien, Depressionen, Krebserkrankungen, Rheuma oder viele Herz-Kreislauf-Erkrankungen zwar keine klassischen Erbkrankheiten, doch die genetische Veranlagung spielt bei der Entstehung eine Rolle.
Wann immer genetische Faktoren ins Spiel kommen, haben wir es aus karmischer Sicht mit Familienkarma zu tun. Die Ursachen für die Krankheit, die uns heute befällt, liegt dann weit in der Vergangenheit. Doch auch hier gilt: Die Entscheidung, wie wir jeweils mit unserem Karma umgehen, liegt immer noch ganz bei uns.

Unterschätzen Sie nie das Potenzial des menschlichen Geistes. Unsere Möglichkeiten, alte Verhaltensmuster (die unter

Umständen schon seit vielen Generationen wirksam sind) zu durchbrechen oder Kontakt zur Quelle unserer Lebensenergie aufzunehmen, sind enorm. Selbst karmische Altlasten dürfen daher nicht überbewertet werden; um gutes Karma zu bewirken, ist es nie zu spät. Der Geist herrscht über die Materie. Er schafft ständig neues Karma (und damit ständig neue Tatsachen).

◎ Die Art und Weise, wie Sie Erkrankungen im Hier und Jetzt begegnen, bestimmt, welches neue Karma Sie schaffen. Beschwerden zu unterdrücken ist nicht immer weise; erst recht nicht, wenn Krankheiten uns dazu auffordern, einen wichtigen (Entwicklungs-)Schritt weiterzugehen.

Krankheiten sind Boten wichtiger Informationen. Sie können uns viel verraten – über unsere Schwächen, unsere Aufgaben, über belastende Veranlagungen und sogar über frühere Existenzen. Doch Vorsicht: Die Gefahr, Erkrankungen falsch zu interpretieren, ist groß!

Gerade Erklärungen, die originell und plausibel sind, können uns leicht in die Irre führen: Ein Gehirntumor heißt noch lange nicht, dass wir »in eine falsche Richtung denken«. Eine Anämie (Blutarmut) muss keinesfalls darauf hindeuten, dass es in unserem letzten Leben »viel Blutvergießen« gab. Und wer Halsschmerzen hat, sollte nicht unbedingt darüber nachgrübeln, ob er in einer seiner früheren Existenzen am Galgen endete, sondern in Zukunft besser mit Schal aus dem Haus gehen.

Bei der Betrachtung karmischer Zusammenhänge geht es nicht darum, die Rätsel des Universums zu lösen. Lenken Sie Ihren Blick lieber auf das Naheliegende. In den meisten Fällen werden Sie hier die Lösung finden.

Oft haben Erkrankungen ganz banale Ursachen. Sie können aber auch wichtige Signale der Seele sein. So gesehen sollten Krankheiten auch nicht als »Schicksalsschläge« angesehen werden, sondern als Aufforderung, sein Karma hier und heute zu verbessern.

◎ Gesundheitsprobleme sind wie das Klingeln des Karma-Weckers: Sie zeigen uns, dass es Zeit ist aufzuwachen und neue Wege zu gehen.

Der karmische Weg zur Heilung

Mit karmischen Umständen konfrontiert zu sein heißt nie, dass Heilung unmöglich wäre, im Gegenteil. Einerseits ist Karma nicht Schicksal, sondern Chance; andererseits ist ohne Krankheit auch gar keine Heilung möglich.
Manifestiert sich schlechtes Karma in Form von Krankheiten, so ist dies oft einfach die Folge eines nachlässigen Umgangs mit unserem Körper. Wenn wir hier gegensteuern und das Bewusstsein für unseren Körper vertiefen, werden wir schnell genesen. Doch selbst wenn Leiden eine weit zurückreichende Ursache haben, ist Heilung möglich; allerdings braucht es dann meist mehr Zeit und Geduld, um den Karma-Strom wieder in positive Bahnen zu lenken.

Wer krank wird, benötigt eine Therapie. Ob man sich dabei lieber auf die Schulmedizin oder auf die Naturheilkunde verlässt, ist eine ganz persönliche Entscheidung. Niemand hat die Wahrheit gepachtet. Doch unabhängig davon wäre es wichtig, zugleich immer auch eine »karmische Therapie« durchzuführen.

Vier Schritte helfen uns, damit das Karma uns den Weg zur Heilung weisen kann: Verstehen, Entscheiden, Verändern und Loslassen. Die ersten drei gehören zu »*Pravritti*«, jenem Bereich der Karma-Philosophie, in dem es darum geht, gezielt und bewusst zu handeln, um (absichtlich) positive Wirkungen zu erzielen. Der letzte Punkt gehört in die Ebene von »*Nivritti*« – hier besteht der Weg darin, loszulassen, sich hinzugeben und sich in die Stille zurückzuziehen. Gesundheit wird dann (absichtslos) die natürliche Folge sein.

1. Verstehen

Sobald wir den tieferen Sinn unserer Beschwerden erst einmal verstanden haben, haben sie ihre Aufgabe als Boten erfüllt und können leichter überwunden werden. Der erste Schritt besteht daher immer darin, genau hinzusehen.
Welcher Art sind unsere Gesundheitsprobleme? Haben wir es mit einem akuten oder einem chronischen Geschehen zu tun? Wo ist ein karmischer Zusammenhang erkennbar? Ist unsere Erkrankung möglicherweise die Folge schlechter Gewohnheiten, die wir ändern sollten? Oder handelt es sich um ein »Mitbringsel« aus ferner Vergangenheit? Gibt es negative Muster in unserer Familie, und können wir diese Muster hier und jetzt durchbrechen? Woran hindert uns unsere Krankheit und inwiefern können wir diese »Behinderung« als neue Chance sehen?

Bedenken Sie, dass es neben äußeren Faktoren vor allem unsere *Emotionen* sind, die Krankheiten auslösen. Oft stauen sich negative Gefühle lange Zeit, bevor sie sich körperlich bemerkbar machen. Stress, falscher Ehrgeiz, aber auch Ängste oder Sorgen führen zu seelisch (mit)bedingten Erkrankungen, wie sie heute besonders häufig auftreten. Beispielsweise haben Kopfschmerzen, Verdauungsprobleme, Herz-Kreislauf-Erkrankungen oder Allergien in der Regel eine seelische Komponente. Einige Mediziner sind sogar der Auffassung, dass *jede* Krankheit einen psychosomatischen Anteil hat. Um seinem Karma auf die Spur zu kommen, ist es daher hilfreich, sich zu fragen: »Wenn meine Krankheit ein Signal meiner Seele ist, was will sie mir dann durch diese Krankheit sagen?«

Belastende Emotionen blockieren die Lebensenergie. Ist der Energiefluss in Körper und Seele gestört, treten viele unterschiedliche Gesundheitsprobleme auf. Aus karmischer Sicht sind es vor allem die »Drei Geistesgifte«, die unsere Lebensenergie zerstören und Krankheiten hervorrufen. Gier (Anhaften), Hass (Ablehnung) und Unwissenheit (Verwirrung). Um das Entstehen von Erkrankungen zu durchschauen, sollten wir uns immer fragen, ob wir möglicherweise zum Opfer eines der drei Geistesgifte geworden sind. Wo das der Fall ist, sollten wir uns bemühen, die »Drei Gegengifte« zu kultivieren:

- Bescheidenheit – (durch Nicht-Anhaften Gelassenheit entwickeln)
- Güte – (durch Nicht-Kämpfen inneren Frieden finden) und
- Einsicht – (durch geistige Stille Klarheit erlangen)

2. Entscheiden

Ebenso wie bei allen anderen Problemen gilt auch für Krankheiten, dass Sie sich bewusst entscheiden müssen, ob Sie auch bereit sind, neue Wege zu gehen. Das mag banal klingen, denn schließlich wünscht sich ja jeder, wieder gesund zu werden.

Doch wenn es um die Verwandlung Ihres Karmas geht, sollten Sie eine starke Entscheidung treffen. Wie oft können wir beobachten, dass Schwerkranke immer noch rauchen, sich ungesund ernähren und vor allem: in negativen Geisteszuständen stecken bleiben und ihrer Heilung somit selbst im Weg stehen.
Sich für Gesundheit zu entscheiden heißt aber weder, ein Gesundheitsapostel zu werden, noch Krankheiten zu »unterdrücken«. Wir sollten das Kranksein als notwendige Tatsache akzeptieren; doch ebenso sollten wir uns bewusst dafür entscheiden, wieder gesund zu werden.
Heilung ist ein lohnendes Ziel. Sobald wir erkannt haben, was uns unsere Krankheit sagen will, können wir andere Wege finden, uns weiterzuentwickeln – Wege, die die Erkrankung wahrscheinlich überflüssig machen.

Konzentrieren Sie sich nie auf Ihre Beschwerden, sondern lieber auf die Fülle Ihrer Möglichkeiten. Beobachten Sie genau, was Sie tun, sagen und denken. Prüfen Sie dabei, ob Ihre Taten, Worte und Gedanken heilsam sind, denn nur so können Sie Ihr Karma verwandeln und wirkliche Heilung erfahren.

3. Verändern

Wenn Sie zunächst *verstanden* haben, warum Ihre Krankheit wichtig für Sie ist und sich dann bewusst dafür *entschieden* haben, wieder gesund zu werden, besteht der dritte Schritt darin, krank machende Ursachen zu *verändern*.
Tag für Tag sind wir dazu aufgefordert, schlechtes Karma in gutes umzuwandeln. Gerade Krankheiten können uns sehr stark motivieren, Dinge zu verändern und unsere Energien nicht länger an Negatives zu binden.

»Pravritti« ist der Weg, auf dem es darum geht, schlechtes Karma gezielt aufzulösen. Dabei ist es wichtig, auch wirklich konkret handeln zu können, um Veränderungen herbeizuführen. Im Folgenden finden Sie daher einige Beispiele. Bedenken Sie jedoch, dass vor allem Achtsamkeit dazu führt, dass Sie ganz von selbst die richtigen Schritte einleiten werden.

Überdenken Sie Ihre Werte. Ist es wirklich notwendig, 14 Stunden am Tag zu arbeiten, oder brauchen Sie mehr Zeit für sich und Ihre Familie? Was ist *wert*-voller: Ruhm oder Gelassenheit, materielle Sicherheit oder Lebendigkeit, Schein oder Sein? Suchen Sie nach Ihren wahren Bedürfnissen.

Ihre Ernährung nährt Ihre Zellen und beeinflusst Körper und Seele – und sie beeinflusst Ihr Karma. Ob Sie sich vegetarisch, vollwertig, makrobiotisch oder »ganz normal« ernähren, ist dabei nicht die Frage. Wichtiger ist, dass Sie sich bewusst sind, *was* und *wie* Sie essen. Dass frische Nahrungsmittel eine ganz andere Art von Energie schenken als Konserven oder Sahnetorten, merken Sie ganz von selbst, sobald Sie achtsam essen.

Bringen Sie Ruhe und Aktivität in ein gesundes Gleichgewicht. Wer sich nie bewegt, erzeugt damit Krankheits-Karma, da unser Körper regelmäßig Bewegung braucht. Leistungssport braucht er aber nicht – und wer zu viel des Guten tut, erzeugt ebenfalls negatives Karma. Indem Sie die Signale Ihres Körpers achtsam beobachten, können Sie im Einklang mit seinen natürlichen Bedürfnissen handeln.

Oft verbirgt sich hinter einer Krankheit die Aufforderung, sich von einer Sucht zu befreien. Es gibt heute sehr viele Arten von Sucht. Ob wir an Alkohol, Zigaretten, Drogen, Fernsehen oder am Konsum »festhängen« – in der Sucht zeigt sich eine der »Drei Geistesgifte« besonders deutlich: die Gier oder das Anhaften. Jede Sucht erzeugt schlechtes Karma, denn sie führt dazu, dass negative Verhaltensweisen immer und immer wiederholt werden. Eine der großen karmischen Lebensaufgaben besteht daher darin, ein für alle Mal einen Schlussstrich unter seine Sucht zu ziehen und frei zu werden.

Finden Sie heraus, was Sie eigentlich daran hindert, glücklich und frei zu sein. Machen Sie sich auf die Suche nach belastenden Emotionen oder Beziehungen, die Sie krank machen. Um das Neue zu entdecken, müssen Sie sich zunächst wahrscheinlich von einigen Altlasten befreien, und das erfordert Mut.

4. Loslassen

Der letzte und vielleicht wichtigste Schritt auf dem Weg zur Heilung besteht darin, gar nichts mehr zu tun. Das Sanskritwort *»Nivritti«* heißt übersetzt »Nichttätigkeit«. Das »Nicht-Tun« darf hier aber keinesfalls als Resignation oder Aufgeben verstanden werden. Im Gegenteil: In dem Augenblick, da wir erst einmal alles getan haben, um die Heilung aktiv zu unterstützen, ist es wichtig, loszulassen und sich auf das, was ist, einzulassen. Die positive Saat wurde gesät und es braucht eben seine Zeit, bis sie aufgeht. Indem wir vertrauen und uns von unserem Ego lösen, schaffen wir optimale Bedingungen für die Heilung.

Wer sich in seinem Leben allzu sehr mit dem Thema »Gesundheit« beschäftigt, wird leicht fanatisch. Ständig ist er darum bemüht, alles richtig zu machen: Er zählt Kalorien, flüchtet vor

Elektrosmog, schluckt Vitaminpräparate oder läuft von einem Arzt zum nächsten. Doch Gesundheitsapostel sind nicht frei: Sorgenvoll werten sie jede Veränderung ihres Körpers als mögliche Krankheit, und Gesundheit wird schließlich zum Selbstzweck.
Hinter der übertriebenen Sorge um die eigene Gesundheit steckt immer die Angst vor dem Leiden. Doch das Leiden überwinden wir nicht, indem wir weglaufen. Wohin auch? Krank machende Ursachen die wir (entspannt) verändern können, sollten wir natürlich ändern. Doch Gesundheit lässt sich nicht erzwingen.

Und so geht es nicht darum, vor dem Leiden zu fliehen, als vielmehr darum, ihm furchtlos ins Auge zu blicken. Leiden ist ein Phänomen, an dem wir nicht rütteln können. Im Christentum wird das Leiden sogar begrüßt, da es uns »von unseren Sünden reinwäscht«. In östlichen Religionen wird Leiden zwar nicht als von Gott auferlegte Strafe, aber doch ebenfalls als Chance für inneres Wachstum angesehen. Hätte Buddha keine Bekanntschaft mit dem Leiden gemacht, er wäre nie erleuchtet worden.
Allerdings ging es Buddha natürlich nicht um das Leiden, sondern um die *Befreiung* vom Leiden – um die Erleuchtung. Durch Nicht-Anhaften kann das Leiden überwunden werden. Und damit oft auch die Krankheit. Denn interessanterweise findet Heilung oft ausgerechnet dann statt, wenn wir sie nicht mehr erzwingen wollen, sondern vollkommen loslassen. Unser Körper braucht einfach Zeit, um die Harmonie selbst wiederherzustellen – geben wir sie ihm.

Stille und Meditation sind einfache Mittel, um Gesundheit wiederherzustellen (oder sie gar nicht erst aufs Spiel zu setzen). So wie Sorgen, Ängste, Abneigungen, Hass oder be-

schwerende Gedanken und Gefühle Beschwerden auslösen, führt das Zur-Ruhe-Kommen des Geistes uns an die Quelle unserer Lebenskraft zurück – und befreit von schlechtem Karma.
Der taoistische Meister Chen schrieb: *»Indem du heitere Gemütsruhe pflegst, kannst du dich von übermäßigen Emotionen befreien. Befreist du dich von übermäßigen Emotionen, wird dein Geist nicht mehr verwirrt. Bleibt dein Geist unverwirrt, erkennst du dein ursprüngliches Wesen und Frieden tritt ein ... Da heitere Gemütsruhe Harmonie erzeugt, ist sie das beste Mittel gegen Krankheiten von Leib und Seele.«*

Heiterkeit und Stille sind oft bessere Heilmittel als Jogging oder komplizierte Diäten. Gelassenheit, innere Ruhe und Dankbarkeit reinigen den Geist von schlechtem Karma und helfen uns, unsere Lebensenergie zu bewahren. Bewahren wir aber unsere Lebensenergie, so werden wir mit jedem Tag lebendiger und vitaler.
Der Körper ist nicht alles: Ein klarer Geist und ein heiterer Gemütszustand sind wichtiger – sie schaffen gutes Karma und ein gesunder Körper wird dann ganz von selbst die Folge sein – früher oder später.

Wie Karma Freunde schenkt

Manche Menschen scheinen mit guten Freunden geradezu gesegnet zu sein. Andere leben einsam und zurückgezogen, fühlen sich isoliert und könnten nicht einmal einen einzigen Menschen nennen, den sie wirklich als »Freund« bezeichnen würden. Wie so oft ist das, was hier auf den ersten

Blick ziemlich ungerecht erscheint, nichts anderes als die Folge von Ursache und Wirkung – die Folge von persönlichem Karma.

◎ **Wahre Freundschaften lassen sich nicht erzwingen. Doch sie sind auch kein Zufall, sondern das natürliche Resultat bestimmter Gedanken, Gefühle und Handlungen.**

Freunde zu haben ist wunderbar. Gute Verbindungen zu nahestehenden Menschen erhöhen die Zufriedenheit und bewahren vor Vereinsamung. Doch nicht nur aus gesellschaftlicher, sondern auch aus spiritueller Sicht sind Freunde kostbar. Durch warmherzige Beziehungen zu anderen Menschen erweitern wir unsere eigenen Möglichkeiten. Gemeinsam mit ihnen können wir starke Strömungen im Meer des Karmas erzeugen und viel Positives bewirken.
Zugleich unterstützen Freunde uns aber auch in unserer Entwicklung, denn sie ergänzen uns, halten uns den Spiegel vor und machen uns »ganz«. Wirkliche Freunde zeigen uns unsere Schwächen und Stärken. Und sie warnen uns, wenn sie das Gefühl haben, dass wir uns auf Abwege begeben. Auf diese Weise können unsere Gefährten uns sogar vor schlechtem Karma bewahren (sofern es richtige Freunde sind).

Da es wünschenswert ist, Freunde zu haben, tun einige Menschen viel dafür, welche zu bekommen. Doch nicht immer sind die Methoden, die sie dabei anwenden, sinnvoll. Natürlich können wir uns ständig in Gesellschaft stürzen, Treffen und Termine organisieren, Partys besuchen oder Vereinen beitreten – und es ist tatsächlich sehr wahrscheinlich, dass wir dabei »Freunde« gewinnen. Ob die Bezeichnung »Freund« dann jedoch auch zutrifft, steht auf einem anderen Blatt.

All unsere Freunde und Bekannten verraten uns viel über unsere karmischen Verbindungen. Die Netze, die wir durch unsere bisherigen Taten gesponnen haben, können uns aber nicht nur auffangen, sondern leider auch fesseln. Schlechtes Karma führt nämlich leicht dazu, dass wir »falsche Freunde« kennenlernen. Wer versucht, sich interessant zu machen, anderen nach dem Mund zu reden oder sich einzuschmeicheln, belastet sein Karma. Ebenso derjenige, der nur an sich denkt, kaltherzig ist oder sich unfreundlich oder abweisend verhält. Wer rücksichtslos oder eigennützig agiert, darf sich weder über unglückliche Beziehungen noch über Einsamkeit oder Verbitterung wundern, die dann nur logische karmische Folgen sind.

◎ Die Kunst, wahre Freunde zu finden, besteht darin, auf sein Herz zu hören und Mitgefühl zu entwickeln. Indem wir die richtigen Entscheidungen treffen und gutes Karma erzeugen, werden wir ganz von selbst den Weg zu unseren Seelenverwandten finden.

Wie aber treffen wir die richtigen Entscheidungen? Wie schaffen wir gutes Karma, wenn es um das Thema Freundschaft geht?

Zunächst sollten wir dabei weniger auf unseren Verstand als vielmehr auf unser Herz hören. Dies gilt übrigens nicht nur für Freunde, sondern auch für Geschäftspartner, denn mit ihnen können wir ebenfalls heilvolle oder aber destruktive Verbindungen eingehen.

Des Weiteren sollten wir einen Blick für verwandte Seelen entwickeln. Natürlich repräsentiert jeder Mensch, der uns auf unserem Lebensweg begegnet, eine karmische Verbindung und sagt etwas über unser »Schicksal« aus. Doch nur wirkliche Freunde (oder Lebenspartner) können zugleich auch unsere Seelenverwandten sein – Menschen, mit denen wir durch dick

und dünn gehen können und die uns helfen, schlechtes Karma aufzulösen.
Seelenverwandte erkennen wir daran, dass wir uns in ihrer Gegenwart rundum wohlfühlen: Wir müssen uns nicht verstellen, um uns angenommen zu fühlen. Unabhängig von den Fehlern, die der andere haben mag, hören wir, wie in unserem Herzen eine Stimme laut und deutlich »Ja« zu diesem Menschen sagt. Wir spüren die gemeinsame Wellenlänge, auch wenn es natürlich zuweilen Meinungsverschiedenheiten geben mag.

◎ Eine wichtige Karma-Regel, die gerade für Freundschaften gilt, lautet: »Gleiches zieht Gleiches an.«

Während es in Liebesbeziehungen oft auch der Gegenpol ist, der Interesse weckt, suchen wir in unseren Freunden meist Menschen mit gleicher Wellenlänge. Das lässt sich im Alltag auch leicht beobachten: Trinker verbünden sich mit anderen Trinkern, Spieler ziehen andere Spieler an, und Philosophen fühlen sich wiederum zu Philosophen hingezogen. Wessen Gedanken nur um Geld und materielle Erfolge kreisen, der wird mit Sicherheit auch Menschen finden, die ebenfalls vor allem an Reichtum und Gewinn denken.

Die Art Ihrer Gedanken, Gefühle und Wünsche zieht Menschen, die ähnlich gestrickt sind, karmisch an. Darum heißt es auch: »Zeige mir deine Freunde, und ich sage dir, wer du bist.« Doch umgekehrt würde es genauso stimmen: Wenn Sie einen Menschen genau beobachten, können Sie sich ein Bild von seinem Freundeskreis machen.

Gute Freunde, auf die Sie sich auch in schweren Zeiten verlassen können, müssen Sie nicht »suchen«. Sie werden Ihnen ganz von alleine *zufallen*. Und zwar oft in *»zufälligen«* Begegnungen – in Augenblicken, da Sie gar nicht die Absicht hatten, jemanden kennenzulernen. Wichtig ist jedoch, dass Sie auf Ihr Karma achten – auf Ihre Einstellungen, Ihre Ausrichtung und Ihr Handeln im Umgang mit anderen Menschen.

Ihr Karma wird Ihnen nur dann wahre Freunde schenken, wenn Sie sich nicht von Äußerlichkeiten blenden lassen. Suchen Sie nicht nach Menschen, nur weil sie gut aussehen, viel Geld oder Macht haben oder bestimmte Qualitäten besitzen, »auf die Sie es abgesehen haben« – denn so binden Sie Ihre Energien an den Schein, statt sich auf das Wesentliche zu konzentrieren. Hören Sie immer auf Ihr Herz und Ihre inneren Sinne, wenn Sie anderen Menschen begegnen.

Wer großzügig ist und andere Menschen gut und fair behandelt, wird schnell beliebt. Doch wie immer ist die Absicht entscheidend. Wer fair und großzügig erscheinen will, um andere für sich einzunehmen, wird auch nur Menschen anziehen, die ihn wegen der offen zur Schau gestellten Fairness und Großzügigkeit akzeptieren. Der Strom unseres guten Karmas wird nur dann stärker, wenn wir nicht »gierig« handeln, wenn wir aufrichtig (auch gegenüber uns selbst) sind und nicht manipulieren wollen. Wahre Freunde finden wir nur, wenn es uns nicht um das Beliebtsein-Wollen geht, sondern wenn uns tatsächlich Großzügigkeit und Mitgefühl antreiben.
Wer anderen Menschen aus der Tiefe seines Herzens heraus Gutes tut, wird die guten Früchte schon sehr bald in seinem Freundeskreis erkennen.

Entscheidend ist die Fähigkeit, sein Gegenüber wichtig zu nehmen. Dazu gehört an erster Stelle, dass wir einem anderen Menschen wirklich zuhören können. Zuhören ist eine Kunst, mit der wir unmissverständlich zeigen, dass uns der andere wirklich interessiert. Indem wir zuhören, nehmen wir uns Zeit, unsere Freunde zu verstehen und uns in sie hineinzuversetzen.

◎ Um die Blume der Freundschaft zur Blüte zu bringen, sollten Sie sich von Liebe und Dankbarkeit leiten lassen.

Zufriedenheit, Heiterkeit und innere Ruhe können wir nur dann entwickeln, wenn wir nichts im Leben als selbstverständlich ansehen. Gerade die Menschen, die uns auf unserer Lebensreise begleiten, sind niemals selbstverständlich. Wenn Freundschaften (oder Ehen) lange währen, neigen wir aber leider dazu, sie als »nichts Besonderes« zu sehen. Dennoch sind all die kleinen und großen Momente, in denen wirkliche Begegnung stattfinden kann, durchaus besonders. Wir müssen für jede wahre Seelenbegegnung unendlich dankbar sein – sie ist mit das Wertvollste, was das Leben zu bieten hat.
Dankbarkeit ist ein einfacher Weg, um »absichtslos glücklich« zu werden. Wir lösen uns aus der Bindung an unsere Erwartungen, indem wir unsere Freunde nie für unser Glück verantwortlich machen. Erst recht sollten wir ihnen nicht die Schuld für unsere eigenen Probleme geben. Selbst in Zeiten des Konflikts ist es wichtig, sich dessen bewusst zu bleiben, dass jeder Freund ein wichtiger Lehrer für unser Leben ist.

Die schönsten Freundschaften sind die, die es uns ermöglichen, gemeinsame Wege zu gehen – oder gemeinsam Projekte zu verwirklichen, für die es sich zu leben lohnt. Menschen, die zusammen eine lohnende Vision verfolgen, entwickeln Kräfte und Fähigkeiten, die der Einzelne nie entwickeln könnte.
Doch im Mittelpunkt wahrer freundschaftlicher Begegnungen steht die Herzensverbindung. Aber auch wahre Freundschaften »funktionieren« nicht immer von selbst. Manchmal ist kar-

mische Arbeit nötig. So wie eine Pflanze gegossen und gepflegt werden will, so bedarf auch die Freundschaft immer wieder der Zuwendung. Was ich aber für mein »Du« tue, das tue ich auch für das »Ich«, denn die Trennung zwischen »Ich« und »Du« ist Maya – die Illusion unseres verblendeten Bewusstseins.
Letztlich ist Dualität eine Täuschung, und so stimmt, was Aristoteles meinte, als er schrieb: *»Freundschaft, das ist eine Seele in zwei Körpern.«*

TECHNISCHE DATEN

Achtfacher Pfad: Die vierte der *Vier Edlen Wahrheiten* der buddhistischen Lehre lautet, dass der Weg zur Aufhebung des Leidens der Achtfache Pfad ist. Dieser Pfad besteht aus:

- Rechter Erkenntnis
- Rechter Absicht
- Rechter Rede
- Rechtem Handeln
- Rechtem Leben
- Rechter Übung
- Rechter Achtsamkeit
- Rechter Sammlung (*Meditation*)

Ahimsa: Gewaltlosigkeit – eine der wichtigen buddhistischen »Tugenden«, die gutes Karma bewirken.

Bhagavadgita: Der »Gesang Gottes«, so die wörtliche Übersetzung, entstand bereits vor über 2200 Jahren in Indien. Der Text ist eine Art spirituelles Gedicht und gilt als eine der wichtigsten Schriften des Hinduismus. Es handelt sich um einen Dialog der menschlichen Seele (verkörpert durch den Helden Arjuna) mit der inneren Göttlichkeit (verkörpert durch den Gott Krishna). Der Kampf symbolisiert das menschliche Le-

ben, die Feinde die menschlichen Schwächen, die es zu überwinden gilt.
Auch im Abendland wird die *Bhagavadgita* schon lange als bedeutendes philosophisches Werk betrachtet und von Philosophen studiert und kommentiert.

Danam: Freigebigkeit – eine weitere wichtige Eigenschaft, die gutes Karma bewirkt.

Dao: Der zentrale Begriff der chinesischen Philosophie (Daoismus). Der Begriff ist nicht wirklich zu definieren; schon in den ersten Worten des *Daodejing*, das vor etwa 2500 Jahren von dem legendären Weisen Laozi verfasst worden sein soll, heißt es:
Was man Dao nennen kann,
ist nicht das unwandelbare Dao.
Den Namen, den man nennen kann,
ist nicht der unwandelbare Name.
Dao wurde mit »Weg«, »Sinn« oder »die Welt durchdringendes Seins-Prinzip« übersetzt; doch keine Übersetzung gibt die Bedeutung wirklich wieder. Das Dao ist die Wurzel von Yin und Yang, der Gegensätze von Gut und Böse, Licht und Schatten. Das Ideal des daoistischen Weisen ist Gleichmut, Relativierung aller Wertvorstellungen, das Nicht-Eingreifen in alle weltlichen Angelegenheiten, Natürlichkeit und Spontaneität.
Aus dem Zusammentreffen von Buddhismus und Daoismus wurde der Zen-Buddhismus geboren.

Dosa: Zorn oder Hass – eines der *Drei Geistesgifte*. Das Geistesgift des Zorns wird durch Güte überwunden.

Erleuchtung: Die Erleuchtung bezeichnet eine spirituelle Erfahrung, die das Alltagsbewusstsein überschreitet und durch die

Einsicht in die Wirklichkeit hinter dem Schein erlangt wird. Diese Erfahrung ist nicht unbedingt religiös geartet, verändert jedoch die Persönlichkeit grundsätzlich.
Im Buddhismus bezeichnet die Erleuchtung den Moment des »Erwachens« – das Ziel des spirituellen Entwicklungsweges. »Buddha« heißt nichts anderes als »der Erwachte«. Hat jemand die Erleuchtung erreicht, bedeutet das, dass er Reinheit und Vollkommenheit des Geistes erreicht hat: vollkommene Weisheit, vollkommenes Mitgefühl und vollständige Heiterkeit. Er erschafft kein Karma mehr und hat den Kreislauf der Wiedergeburten durchbrochen. Der Erleuchtete hat alle Ursachen des Leidens überwunden und Nirvana erlangt. Die Vorstellungen im Jainismus, Hinduismus und Daoismus sind sehr ähnlich.
Auch in den monotheistischen Religionen (Christentum, Islam, Judentum) werden mystische Erfahrungen berichtet, die den Vorgang der Erleuchtung beschreiben. Dort wird allerdings weniger der Begriff »Erleuchtung« verwendet, sondern »Einsseins mit Gott«.
Jedenfalls scheint die Erleuchtung nicht auf eine bestimmte Religion oder einen bestimmten Kulturkreis beschränkt, sondern ein universelles Phänomen zu sein.

Geistesgifte: Der Buddhismus kennt die »Drei Geistesgifte«, mentale Zustände, die die Wurzel alles schlechten Karmas sind und weitere negative Zustände nach sich ziehen. Die drei Geistesgifte sind: Anhaftung oder Gier (Lobha), Zorn oder Hass (Dosa) und Unwissenheit oder Verwirrung (Moha). Die drei Wege zu positivem Karma, die die drei Geistesgifte überwinden, sind Bescheidenheit (Nicht-Anhaften), Güte und Einsicht.

Hinduismus: Der Hinduismus ist eine Religion indischen Ursprungs, die über 900 Millionen Anhänger hat und damit (nach Christentum und Islam) die drittgrößte Religion der

Erde ist. Die meisten Hindus glauben an verschiedene Götter und an Reinkarnation – Leben und Tod sind ein ewiger Kreislauf (Samsara). Religiöse Lehrer (Gurus) spielen eine große Rolle. Der Hinduismus ist äußerst vielfältig und verhältnismäßig tolerant. »Einheit in der Vielfalt« ist eine häufig gebrauchte Redewendung, mit der Hindus ihren Glauben beschreiben.

Jainismus: Eine vor etwa 2500 Jahren in Indien entstande Religion, die heute etwa 6 Millionen Anhänger hat. Auch die Jainas glauben, wie Hindus und Buddhisten, an die Karma-Lehre, an Wiedergeburt und Samsara und die Möglichkeit der Erlösung aus diesem Kreislauf. Das Element der Askese ist im Jainismus sehr stark ausgeprägt.

Karma: Karma ist ein spirituelles Konzept, das besagt, dass jeder Gedanke und jede Tat Folgen hat. Insbesondere die indischen Religionen Hinduismus, Buddhismus und Jainismus kennen den Begriff Karma (Sanskrit: *karman,* Pali: *kamma*). Die Vorstellung von Karma steht im Gegensatz zu der Idee eines strafenden und belohnenden Gottes – sie stellt das Prinzip von Ursache und Wirkung auf geistiger Ebene dar. Karma hat also die Form eines Naturgesetzes. Statt Strafe oder Gnade gibt es lediglich Konsequenzen. Mit der Vorstellung von Karma ist oft (aber nicht zwangsläufig) die Idee der *Reinkarnation* verbunden. Dabei gibt es allerdings häufig das Missverständnis, dass nur schlechtes Karma den Kreislauf der Wiedergeburten aufrechterhält. Dieses Missverständnis wird durch den Lebensdurst und den Wunsch weiterzuleben bedingt. Doch auch gutes Karma ist Karma – das eigentliche spirituelle Ziel, insbesondere das Ziel der buddhistischen Praxis, ist indes, überhaupt kein Karma mehr zu erzeugen, den Kreislauf der Wiedergeburten (*Samsara*) zu beenden und *Nirvana* zu erreichen.

Ksama: Nachsicht – ein starkes Gegenmittel gegen den Kreislauf des Hasses; eine der »Tugenden«, die zu gutem Karma führen.

Lobha: Anhaftung oder Gier (Lobha) – eines der *Drei Geistesgifte*. Das Mittel zur Überwindung der Gier ist Bescheidenheit (Nicht-Anhaften).

Meditation: Das Wort Meditation kommt aus dem Lateinischen und bedeutet in etwa »sich zur Mitte hin ausrichten«. In den östlichen Religionen ist die Meditation eine besonders wichtige spirituelle Praxis, durch die das Bewusstsein erweitert werden soll. Doch meditative Übungen gibt es praktisch in allen Religionen und Kulturen. Im Buddhismus, Hinduismus und Jainismus ist das höchste Ziel die Erleuchtung oder das Erreichen des Nirvana. In christlichen, islamischen und jüdischen Traditionen ist das höchste Ziel der meditativen Übung das unmittelbare Erfahren des Göttlichen.

Es gibt sehr viele verschiedene Meditationsformen, die man jedoch grob in zwei Gruppen einteilen kann. Entweder nach der äußeren Form:

- Passive oder kontemplative Meditation: Sie wird in der Regel im stillen Sitzen geübt
- Aktive Meditation: dabei wird die Aufmerksamkeit auf achtsames Handeln, körperliche Bewegung oder Mantra-Rezitation gerichtet

Oder aber man unterscheidet nach der »inneren Form«:

- Aktives Lenken der Aufmerksamkeit
- Loslassen und Geschehenlassen

Stets ist Meditation jedoch Konzentration, die die Gedanken ins Hier und Jetzt bringt und Karma befreit. Jedes Tun, das gesammelt und konzentriert durchgeführt wird, ist eine Form der Meditation. Meditation ist also nicht, wie es im Westen mitunter missverstanden wird, eine Form der Entspannung oder gar der Tagträumerei.
Als damit begonnen wurde, die Auswirkungen der Meditation auf körperliche Vorgänge hin wissenschaftlich zu untersuchen, fand man, dass sich einige vegetative Funktionen deutlich verändern:

- Der Blutdruck sinkt (Erweiterung der Blutgefäße)
- Das Blutbild zeigt Veränderungen (Leukozytenhaftfähigkeit)
- Im Hormonsystem zeigen sich Änderungen (Absinken der Stresshormone)
- Das Immunsystem wird gestärkt (Abnahme des Plasmakortisols)
- Im Nervensystem gehen Veränderungen vor (Tonusveränderung)
- Im Gehirn zeigen sich charakteristische Veränderungen (Durchblutung, Hirnstrommuster)

Letzteres ist besonders eindrucksvoll: Die Gehirnaktivität zeigt in der Meditation deutliche Veränderungen gegenüber dem Wachzustand (einschließlich des entspannten Wachzustandes), aber auch gegenüber dem Schlaf: Insbesondere die Theta-Wellen (4-7 Hz) sind in der Meditation vorherrschend, während in tiefer Entspannung Alpha-Wellen (8-13 Hz) und im Tiefschlaf Delta-Wellen (1-3 Hz) charakteristisch sind. Die Frequenz der Gehirnströme ist charakteristisch für bestimmte Bewusstseinszustände. Diese Theta-Wellen sind also für den Meditationszustand typisch und unterscheiden ihn eindeutig von Schlaf, Wachzustand und Entspannung.

Moha: Unwissenheit oder Verwirrung – eines der *Drei Geistesgifte.* Das Mittel zur Überwindung der Unwissenheit ist Einsicht.

Moksha: Der hinduistische Begriff für *Nirvana.*

Nirvana: Wörtlich übersetzt bedeutet Nirvana »Verwehen« – gemeint ist damit das Erlöschen aller Anhaftung an das Sein. Nirvana zu erlangen ist das buddhistische Ziel: Der *Erleuchtete* durchbricht *Samsara*, den Kreislauf des Leidens. Nirvana bedeutet also auch, keinerlei Karma mehr zu erzeugen und ist die Befreiung von der Wiedergeburt.
Nirvana wird im Westen häufig als absolutes Nichts oder vollkommene Leere missverstanden – gemeint ist aber vielmehr eine gegenstandslose, von allem Leiden und Anhaften befreite Sicht, die nicht wirklich mit Worten zu beschreiben ist. Im Buddhismus wird Samsara (die weltliche, relative Sicht) als eine Seite einer Münze betrachtet, Nirvana (die überweltliche, absolute Sicht) als die andere Seite – doch beide sind letztlich eins. Was Nirvana nicht ist: kein Ort (wie das Paradies), keine jenseitige Seligkeit, keine »andere Dimension«. Es ist ein Zustand, in dem alle Vorstellungen, Begierden und Wünsche überwunden und gestillt sind.
Im Hinduismus gibt es eine vergleichbare Vorstellung; dort heißt Nirvana *Moksha.*

Reinkarnation: Reinkarnation, aus dem Lateinischen, wörtlich übersetzt »Wiederfleischwerdung«, ist ein Synonym für Wiedergeburt.
Der Glaube an Reinkarnation (und oft damit im Zusammenhang stehend an Karma) ist in vielen Religionen und Kulturen zu finden: Nicht nur Hindus und Buddhisten, sondern auch die alten Griechen und Römer, Indianer (vor allem Südame-

rikas), afrikanische Stämme, Eskimos, die Aborigines Australiens, die jüdischen Hasedin, frühe christliche Sekten und viele andere gingen davon aus, dass die Seele (oder allgemeiner, mentale Prozesse) nach dem Tod eines Menschen weiterlebt. Auch viele namhafte Persönlichkeiten waren von der Wiedergeburt überzeugt: Voltaire, Balzac, Goethe, Ralph Waldo Emerson, Aldous Huxley, Salvador Dali und C.G. Jung, um nur einige zu nennen. Der Reinkarnationsglaube ist also eine kulturell weitgehend unabhängige, sehr verbreitete Vorstellung. Die konkreten Ideen über die Reinkarnation sind allerdings sehr unterschiedlich:

- Wiedergeburt der Person in einem anderen Körper
- Wiedergeburt der vom persönlichen Ich befreiten Seele
- Wiedergeburt durch Fortwirken der mentalen Prozesse

Eine gängige Analogie ist die Kerzenflamme: Wenn wir eine neue Kerze am Docht einer verlöschenden Kerze entzünden – ist es die alte Flamme oder eine neue?

Samadhi: Samadhi bedeutet wörtlich etwa »Festmachen« und meint den Bewusstseinszustand, der jenseits von Wachen, Träumen und Tiefschlaf liegt – die tiefe *Meditation*, in der das diskursive Denken zum Stillstand gelangt.
Buddha lehrte, dass Samadhi notwendig ist, um geistige Stärke und Reinheit zu erreichen, die Illusion zu durchschauen und die Wahrheit zu erkennen. Die letzte Stufe des buddhistischen *Achtfachen Pfades* ist »Sichversenken«, also Meditation. Buddha meinte, dass die Meditation in neun aufeinanderfolgenden Stufen von Samadhi voranschreiten sollte:

- Die »vier meditativen Samadhis« (Geistesruhe, Klarer Blick, Glücksgefühl und Gleichmut)
- Die »vier Samadhis der Leerheit« (wachsende Vereinigung mit der Leere)
- Das »Samadhi der vollständigen Versiegung« (*Nirvana*)

Als Mahasamadhi (»großes Samadhi«) wird der bewusste Übergang eines Erleuchteten vom Leben in den Tod bezeichnet.

Samsara: Samasara bezeichnet den Kreislauf von Leben, Sterben und Wiedergeburt, von Werden und Vergehen. Wörtlich bedeutet Samsara »beständiges Wandern« im Kreislauf der Wiedergeburten.

Der Kreislauf der Wiedergeburt ist in den östlichen Religionen (Hinduismus, Buddhismus und Jainismus) nichts Positives: Der Wille zur ständigen Fortsetzung des Seins wird durch Karma bewirkt und ist letztlich leidvoll. In der *Erleuchtung,* in der alle Begierden losgelassen werden, wird der Kreislauf durchbrochen und kein Karma mehr erzeugt.

Im tibetischen Buddhismus wird Samsara durch das Lebensrad anschaulich dargestellt: Das Zentrum des Rades bilden die *Drei Geistesgifte*: Gier, Hass und Unwissenheit.

Vier Edle Wahrheiten: Die sogenannten Vier Edlen Wahrheiten bilden die Essenz der buddhistischen Lehre:

- Alles Leben ist dem Leiden unterworfen
- Die Ursache allen Leidens ist das Anhaften und die Begierde
- Das Aufheben der Begierde führt zur Aufhebung des Leidens
- Der Weg zur Aufhebung des Leidens ist der *Achtfache Pfad*

Vrittis: Vrittis sind Geistesbewegungen, die aus dem Unbewussten auftauchen und dabei Haltungen, Handlungen und Gedanken auslösen. Sie sind eine Quelle schlechten Karmas. Das Wort »vritti« bedeutet in etwa »Strudel« – eine kreisförmige Bewegung ohne Anfang und Ende.

Vrittis sind wie Wellen auf einem See; sie werden nicht völlig verschwinden, sondern hinterlassen Spuren und zukünftige

Möglichkeiten. So hinterlassen Vrittis auch einen Eindruck im Gehirn; das wiederholte Auftauchen von Vrittis (beispielsweise immer wieder im Kreis laufende Grübeleien oder Sorgen) lässt Neigungen und schließlich einen Charakter entstehen. Werden die Vrittis zum Stillstand gebracht, wird die Wahrheit der Seele entdeckt. Das beste Mittel, um die Vrittis zur Ruhe zu bringen, ist *Meditation*.

*